Die Hanse.
Macht des Handels

Gebrannte Größe

„Man muß immer das gemeinsame Beste sehen."

Hinrich Castorp auf dem Hansetag 1487

Wir danken den Hansestädten Lübeck, Wismar, Rostock, Stralsund, Greifswald und den Mitarbeitern in den Museen und Archiven für die gute Zusammenarbeit sowie den Mitarbeitern der Landesregierungen von Mecklenburg-Vorpommern und Schleswig-Holstein für ihre hilfreiche Unterstützung. Unser Dank gilt auch der Redaktion der Zeitschrift MONUMENTE und den Kollegen in der Deutschen Stiftung Denkmalschutz. Sie alle haben sich nach Art der Hanse zu einer Gemeinschaft zusammengefunden, die das Gelingen dieses Buches ermöglicht hat.

Träger der Ausstellung

MECKLENBURG-VORPOMMERN

SCHLESWIG-HOLSTEIN

EVANGELISCHE LANDESKIRCHEN IN MECKLENBURG-VORPOMMERN

DEUTSCHE STIFTUNG DENKMALSCHUTZ

Förderer der Ausstellung

NDR

Alfried Krupp von Bohlen und Halbach-Stiftung

NORD/LB

POSSEHL-STIFTUNG

Stiftung Lübecker Altstadt

Rudolf-Dankwardt-Stiftung

Sparkasse zu Lübeck

IHK Lübeck

Gefördert aus Mitteln des Beauftragten der Bundesregierung für Angelegenheiten der Kultur und der Medien durch die KulturStiftung der Länder

OZ OSTSEE-ZEITUNG

LN Lübecker Nachrichten

GFI

Gebrannte Größe

Wege zur Backsteingotik

Die Hanse. Macht des Handels

Der Lübecker Fernhandelskaufmann

MONUMENTE Publikationen
der Deutschen Stiftung Denkmalschutz

Inhalt

Vorwort
zur 1. Auflage

Die Hanse. Macht des Handels

Das Erbe der Backsteingotik in Lübeck

Seit mehr als 700 Jahren überragen sieben Türme die Hansestadt Lübeck, und weit mehr eindrucksvolle Zeugnisse der Hansezeit sind in den Straßen und Gassen der Altstadt und in den städtischen Museen zu entdecken. Sie berichten von Menschen, die zur richtigen Zeit am richtigen Ort waren. Viele Voraussetzungen kamen zusammen, damit die Stadt an der Trave vom 13. bis 16. Jahrhundert jene Entwickung durchlaufen konnte, die ihr Bild bis heute prägt und die bereits 1987 zur Aufnahme in die Weltkulturerbeliste der UNESCO führte.

Im Mittelalter zählte Lübeck zu den bedeutendsten nordeuropäischen Städten. Als Brückenkopf für den Handel über die Nord- und Ostsee ging von hier der Aufschwung aus, der dem Städtebund seine Kraft verlieh. Lübeck errang in diesem Bund eine wirtschaftliche, politische und diplomatische Vorrangstellung. Die Stadt wurde zum „Haupt der Hanse". Dies setzte Unternehmergeist voraus, Ausdauer, hohes Engagement und sicher auch Fortune – Qualitäten, die man den Hanseaten bis heute zuschreibt.

Die Identifizierung der Bürger mit ihrer Stadt, Solidarität und gegenseitiger Beistand, Rechtschaffenheit, Bildung und ein hohes Ansehen der Kunst in der Bürgerschaft gehören zur Hansezeit ebenso wie grenzüberschreitendes Handeln und der Mut, Neues zu wagen. Dies sind Aspekte, die auch heute für das europäische Miteinander besondere Bedeutung haben. Insofern kann uns die Zeit der Hanse Anregungen für das Handeln in der Gegenwart geben.

Wenn sich unter dem Thema „Gebrannte Größe – Wege zur Backsteingotik" fünf Hansestädte aus zwei Bundesländern zu einem Ausstellungsverbund zusammenschließen, um ihre gemeinsame Geschichte einem breiten Publikum vorzustellen, wenn sich die Anrainer rund um die Ostsee der gemeinsamen kulturellen Werte aus der Hansezeit bewusst werden, dann zeigt sich darin ein weiteres Mal die Bereitschaft, Grenzen in den Köpfen zu überwinden und Neues für die Gestaltung der Zukunft zu wagen.

Ich danke allen, die diese Ausstellung ermöglicht haben, besonders Professor Dr. Gottfried Kiesow und Dr. Robert Knüppel von der Deutschen Stiftung Denkmalschutz für ihre Initiative und Tatkraft sowie allen ihren Mitarbeiterinnen und Mitarbeitern. Mein Dank gilt auch den Förderern der Ausstellung, dem Norddeutschen Rundfunk, der Possehl-Stiftung, der Kulturstiftung der Länder, der Alfried Krupp von Bohlen und Halbach-Stiftung, der NordLB, der Sparkasse zu Lübeck, der IHK Lübeck und den Lübecker Nachrichten für ihre ideelle und finanzielle Unterstützung.

Der Ausstellung im Lübecker Holstentor wünsche ich viel Erfolg und den Besuchern interessante Einblicke in die Welt des Lübecker Fernhandelskaufmanns zur Hansezeit.

Heide Simonis
Ministerpräsidentin
des Landes Schleswig-Holstein

Wege zur Backsteingotik

Jeder der fünf Bände dieser Reihe stellt eine Hansestadt in den Mittelpunkt und zeigt eine andere Facette des vielseitigen Themas, einen der „Bausteine", die zum Verständnis der norddeutschen Backsteingotik führen. Anlass der Buchreihe war die gleichnahmige Ausstellungsfolge in Lübeck, Wismar, Rostock, Stralsund und Greifswald im Rahmen der Initiative „Wege zur Backsteingotik". Die Ausstellungen in Lübeck und Wismar werden fortgeführt.

Die Grundlagen für den „Bauboom" der Backsteingotik schuf der Wirtschaftsbund der Hanse. Lübeck war der Ausgangspunkt, Drehscheibe des nordeuropäischen Fernhandels und damit einhergehend der hansischen Kultur. Das Buch zur ständigen Ausstellung im Holstentor, dem Symbol des hansestädtischen Selbstbewusstseins schlechthin, vermittelt einen Einblick in den Alltag der Kaufleute in einer Hansestadt.

Im Stralsunder Band dreht sich alles um die Seefahrt, die Voraussetzung für den Austausch rund um die Ostsee. Schiffsfunde, Seekarten, Modelle und Darstellungen auf Siegeln und Gemälden stellen die Kogge, das hansische Schiff, in den Mittelpunkt. Ein weiterer Beitrag gibt einen Ausblick auf die Entwicklung des Schiffbaus bis in unsere Zeit.

Das Rostock-Buch widmet sich den baulichen Details. Aus einfachen Backsteinen oder besonderen Formsteinen zusammengesetzt, tragen die Schmuckformen wesentlich zu der Faszination bei, die von den Werken der Backsteingotik ausgeht. Vielfältige Beispiele fügen sich zu einer Fibel der Formensprache aus Backstein zusammen. Sie lassen auch die Wiederaufnahme des backsteingotischen Stils im 19. Jahrhundert nicht aus dem Blick.

Wie die Großbauten im Mittelalter technisch bewältigt werden konnten, zeigen der Wismarer Band und die Wismarer Ausstellung, die in und um den Marienkirchturm fortbesteht. Das

Bauten der Macht

Eine Kirchen-
baustelle
im Mittelalter.
Wismar

Maritime Macht

Schiffe, Ostsee
und Piraten.
Stralsund

Buch erklärt die Kirchenbaustelle und setzt der 1960 gesprengten Marienkirche ein Denkmal.

Die ursprünglich in Greifswald gezeigte Ausstellung „Dialog des Geistes“ befindet sich nun in der Wismarer Georgenkirche. Eine Skulpturengruppe, die sechs historische Persönlichkeiten zum Besucher sprechen lässt, und die 30 m lange Pergamentwand zur Geschichte des Christentums geben Einblick in die Glaubenswelt des Mittelalters wie auch die Beiträge im Greifswald-Buch über die Kirchenausstattung, das Skriptorium und die Schrift sowie über den mittelalterlichen Kräutergarten.

Die Sprache der Steine

Schmuckformen
der Backsteingotik.
Rostock

Dialog des Geistes

Geist und Religion
im Mittelalter.
Greifswald

Vorwort
zur 1. Auflage

Liebe Leserin, lieber Leser,

zur Zeit der Blüte der Hanse war Lübeck neben Köln die größte Stadt Deutschlands. Diese Tatsache verdeutlicht eindrucksvoll die einstmals wirtschaftliche und politische Vormachtstellung dieser alten Hansestadt des Mare Balticums. Seit dem Frieden von Stralsund im Jahre 1370 erreichte Lübeck als Haupt der Hanse seinen größten wirtschaftspolitischen Einfluss und war dadurch zugleich eine nordeuropäische Großmacht. Von Lübeck aus erfolgte die Kolonisation des Ostseeraums, was sich nicht zuletzt auch heute noch an der in zahlreichen Städten dieses Gebiets vorherrschenden Backsteinarchitektur ablesen läßt. Schließlich war Lübeck die erste massive Backsteinstadt, die für zahlreiche andere Städte dieses Gebiets bei der Errichtung von Kirchen und Kaufmannshäusern Vorbildcharakter hatte. Das gilt vor allem für die backsteinerne, gotische Bürgerkathedrale St. Marien als monumentaler Ausdruck des emanzipierten Bürgertums.

Lübecker Siegel von 1256

Es ist diese alte und großartige Tradition, die Lübeck auch heute noch den Vorsitz des im Jahre 1980 gegründeten Neuen Hansebunds gewährt. Insofern ist es folgerichtig, dass Lübeck im Rahmen dieser Ausstellung, die vom Land Mecklenburg-Vorpommern initiiert wurde, gemeinsam mit den Hansestädten Wismar, Rostock, Stralsund und Greifswald den ihr gebührenden Platz einnimmt. Noch heute künden zahlreiche Bauten ihrer vitalen Altstadt vom einstigen Ruhm und ihrer damaliger Größe.

Im Holstentor, einem der bekanntesten Bauwerke Deutschlands und seit den zwanziger Jahren des vorigen Jahrhunderts zugleich auch Signet des Deutschen Städtetags, steht unter dem Titel „Die Hanse – Macht des Handels“ die Geschichte der Stadt und dabei die entscheidende historische Rolle des

Lübecker Kaufmanns für die Stadtentwicklung im Mittelpunkt. Er bestimmte ganz wesentlich Wirtschaft, Politik, Recht, Kunst und Kultur.

Die auf dem Plakat abgebildeten Dokumente und Siegel veranschaulichen auf eindrucksvolle Weise die entscheidende Bedeutung, die das Lübische Recht und die Handelsverträge beim Aufstieg der Stadt zur damaligen Großmacht besaßen.

Die lebendige Präsentation und Visualisierung historischer Fakten sind keine leichte Aufgabe. Aus diesem Grund haben wir uns für eine zeitgemäße und moderne Form der Vermittlung entschlossen. Wir hoffen, dass es uns dadurch gelungen ist, den unterschiedlichen Bedürfnissen aller Besucher verschiedenster Altersgruppen Rechnung zu tragen. Das Holstentor möge mit dieser Ausstellung eine lebendige und abwechslungsreiche Begegnungsstätte sein, die jeder Besucher angeregt und bereichert mit dem Wunsch verlässt, wieder einmal hierher zurückzukehren.

Dem Direktor Dr. Thorsten Rodiek und seinen Mitarbeitern des Museums für Kunst und Kulturgeschichte der Hansestadt Lübeck möchte ich an dieser Stelle ganz herzlich für die in äußerst knapper Zeit realisierte, eindrucksvolle Ausstellung danken.

Ein großer Dank gebührt auch der Hamburger Gruppe „hand-werk“, die es vermocht hat, das von wissenschaftlicher Seite vorgegebene Konzept in so überzeugender Weise in eine spannende und anregende Präsentation umzusetzen.

Bernd Saxe
Bürgermeister der Hansestadt Lübeck

Rolf Hammel-Kiesow

Auf dem Weg zur Macht

Der Lübecker Kaufmann im 12. und 13. Jahrhundert

Kaufmann

Aus dem 12. und 13. Jahrhundert sind in Lübeck kaum bildliche Zeugnisse überliefert. Hans von Hemßen malte die Lübecker Ratsherren – Fernkaufleute und Juristen – im Jahr 1625, als die Hanse ihren Zenit bereits überschritten hatte *(siehe S. 99).*

13

Die Hansestadt Lübeck hatte die bedeutendste Phase ihrer Geschichte im späten Mittelalter und in der frühen Neuzeit, als die Stadt als *hovet der hense*, als Haupt der Hanse, eine wirtschaftliche und diplomatische Schlüsselrolle im nördlichen Europa einnahm. Sie erreichte diesen Ehrenvorrang aufgrund ihres weitgespannten Fernhandelsnetzes und ihres Engagements für die Rechte der niederdeutschen Kaufleute in den Zielländern ihres Handels. Auch aufgrund der verkehrsgeographisch günstigen Lage der Stadt, die für *die stede van der dudeschen hense* zwischen der Zujdersee im Westen und Estland im Nordosten, zwischen Stockholm und Visby im Norden und der Linie Köln–Krakau im Süden *im mittel* gelegen war, fanden die meisten der Tagfahrten (Hansetage) zwischen 1356 und 1669 in Lübeck statt.[1]

Warum aber errang ausgerechnet Lübeck diese wirtschaftliche und diplomatische Vorrangstellung vom 13. bis zum 16. Jahrhundert, und wer waren die Menschen, die die Voraussetzungen dafür schufen? Wie kam es überhaupt dazu, dass in der adligen, hierarchisch aufgebauten Gesellschaft des europäischen Mittelalters Kaufleute und Städte eine solche Machtposition einnehmen konnten?

Um diese zu erringen und zu erhalten war ja nicht nur ökonomische Überlegenheit im Handel notwendig. Die sich daraus eröffnenden Möglichkeiten mussten auch von einer selbständigen, weitgehend von den eigenen Wirtschaftsinteressen geleiteten Handels- und Außenpolitik genutzt werden. Dem standen zunächst jedoch die adligen Stadtherren entgegen (der König, Erzbischöfe, Bischöfe, Herzöge oder Grafen), die in der ersten Hälfte des 13. Jahrhunderts ihre Herrschaftsrechte in der Regel noch uneingeschränkt innehatten. Ihre Interessen waren oft ganz andere als die der Kaufleute und der übrigen Bürger, so dass letztere nicht nur auf ihre Handelsprivilegien im Ausland, sondern auch auf ihre Stellung dem eigenen Stadtherrn gegenüber bedacht sein mussten.

Schließlich waren die Fernhandelskaufleute nur eine, wenn auch reiche Gruppe mit hohem Ansehen unter den vielen Gruppen, die zusammen die städtische Bürger- und Einwohnerschaft bildeten. Das heißt, dass die Fernkaufleute innerhalb dieses Gefüges zunächst einmal eine Position erringen mussten, die es ihnen erlaubte, ihre Interessen durchzusetzen, und dass sie, um langfristig erfolgreich zu sein, gleichzeitig auch die Interessen der anderen Gruppen zu berücksichtigen hatten.

Dass im Laufe des 12. und 13. Jahrhunderts in Lübeck die überkommenen Strukturen überwunden werden konnten, wirft ein deutliches Licht auf die enormen Gewinne, die der Groß-

und Fernhandel zwischen Russland und Westeuropa, zwischen Skandinavien und Mitteleuropa erzielt haben muss. Denn für die Aufhebung der Einschränkungen benötigte man – neben einem hohen Maß an politisch-diplomatischem Geschick – vor allem eines: Geld, Geld und nochmals Geld.

Wenden wir uns zunächst der Frage zu, wie dieses Geld in die Taschen der Fernkaufleute, speziell der Lübecker, kam.

Die Rolle Lübecks im Handelssystem der niederdeutschen Kaufleute

Die wichtigsten Voraussetzungen waren das enorme Bevölkerungswachstum und der wirtschaftliche Aufschwung, die die meisten europäischen Regionen seit etwa der ersten Jahrtausendwende, vor allem seit der Mitte des 12. Jahrhunderts, erlebten. Zum *regnum Teutonicum* gehörte zu dieser Zeit westlich des Rheins noch das Herzogtum Lothringen. Im Osten reichte es bis an die Elbe, im Norden bis an die Grenze zwischen Holstein und Schleswig und im Süden bis über den Alpenkamm. Die Bevölkerung im Reich wuchs zwischen den Jahren 1000 und 1300 von rund 3,5 auf 13–14,5 Millionen Einwohner an, eine Steigerungsrate, die erst wieder im 19. Jahrhundert erreicht wurde.[2] Diese Menschen mussten mit Wirtschaftsgütern versorgt werden. Die Aufgabe der niederdeutschen Kaufleute bestand darin, den Zwischenhandel zwischen dem nordöstlichen und dem nordwestlichen Europa zu betreiben.

Die für Lübeck entscheidende Weichenstellung in der ersten Hälfte des 12. Jahrhunderts war die Einbeziehung der damals von Slawen besiedelten und zum Reich der Abotriten gehörenden südwestlichen Ostseeküste ins *regnum Teutonicum*.[3] Die Holsten eroberten den westlichen Teil des slawischen Abotritenreiches und zerstörten die slawische Burganlage Alt Lübeck mitsamt der neben ihr gelegenen Kaufleutesiedlung. Graf Adolf II. von Holstein stattete im Jahr 1143 eine wohl bereits auf dem Hügel zwischen Trave und Wakenitz gelegene Siedlung niederdeutscher Kaufleute mit Rechten aus, erhob sie zur *civitas,* zur Stadt, und nannte sie Lubeke „weil sie von dem alten Hafen und Hauptort, den einst Fürst Heinrich (von Alt Lübeck) angelegt hatte, nicht weit entfernt war".[4]

Damit begann die Expansion niederdeutscher Kaufleute bis ins Baltikum. Rund 150 Jahre später, um 1300, besorgten die niederdeutschen Kaufleute den gesamten Zwischenhandel vom nordwestlichen bis zum nordöstlichen Europa (Abb. 1). Die Eckpunkte bildeten die Niederlassungen in Novgorod* im Osten, in Brügge in Flandern und in London im Westen. Später nannte man die Niederlassungen ‚Kontore'. In diesen Ost-West-Handel waren – als Zubringer und gleichzeitig als Absatzgebiete – die Märkte in Norwegen mit der vierten großen Niederlassung in Bergen sowie die Märkte im Niederrheingebiet, in Mittel-

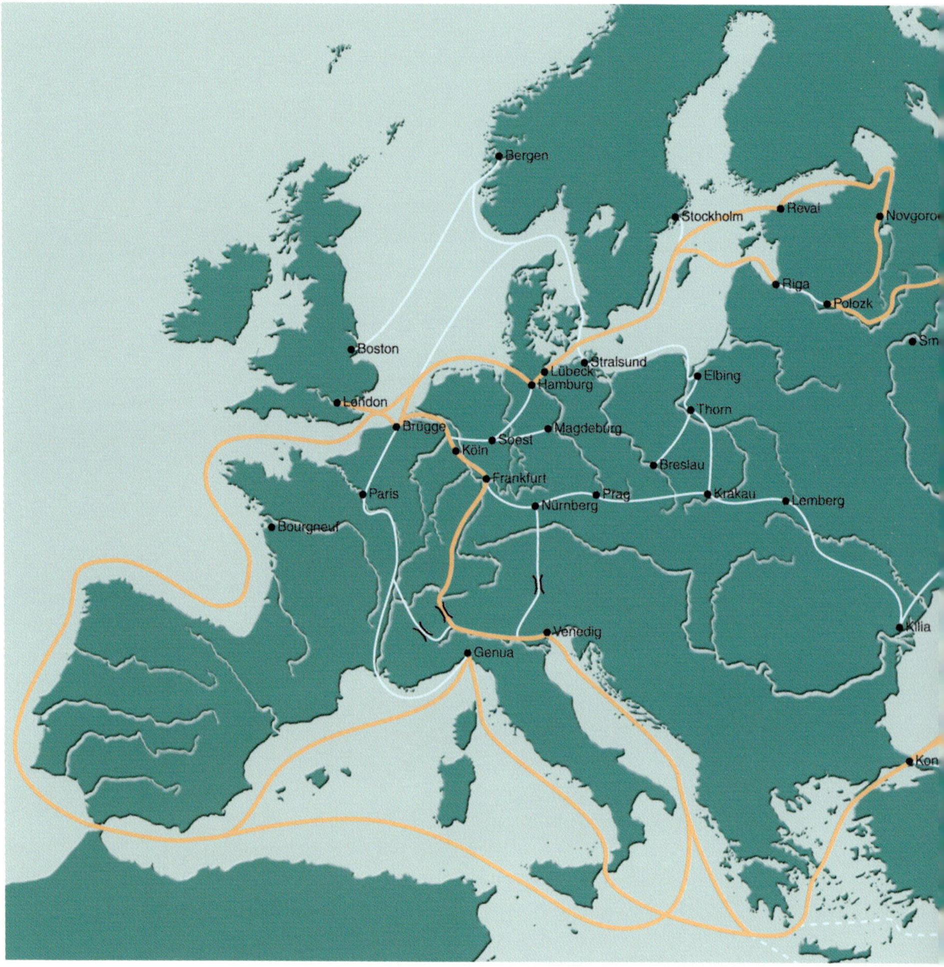

deutschland und in Mittelosteuropa eingebunden. Der aktive Handelsbereich der Lübecker Kaufleute reichte quer durch Europa von den Messen der Champagne in Nordostfrankreich bis Novgorod, Polozk und Smolensk in Russland, von Bergen in Norwegen und Stockholm bis nach Straßburg im Südwesten und über die Weichsel in Richtung Breslau und Lemberg bis zum Schwarzen Meer im Südosten (Abb. 1).

Der Bevölkerungsanstieg und das wirtschaftliche Wachstum hatten zu einer immer größeren Nachfrage nach den Produkten des Ostseeraums geführt. Die Lübecker Kaufleute handelten mit Luxusgütern wie Pelzen, Wachs und teuren Tuchen, aber auch mit billigen Tuchen als Massenware. Andererseits war der Handel mit Massenprodukten wie Hering und Salz, Stockfisch, Getreide und Mehl, Holz und Waldbauprodukten wie Pech, Teer und Pottasche äußerst lukrativ, da sie in gewaltigen Mengen verbraucht wurden – ebenso wie Flachs, Hanf und die Farbpflanze Waid, die zum Beispiel in den Zentren der Tuchherstellung in Flandern stark gefragt waren.

Das Einzugsgebiet, aus dem die Waren des niederdeutschen Handels stammten, umfasste den Nordatlantik bei den Lofoten für den Fang von Dorsch, der als Stockfisch gehandelt wurde, und die damals noch unermesslichen Heringsgründe vor Schonen. Im Osten gehörte das riesige Hinterland Novgorods dazu, das sich bis nach Sibirien erstreckte, für Pelze und Wachs (sowie – um 1300 aber bereits auslaufend – fernöstliche Güter auf dieser Route) und im Westen schließlich die Textilzentren und die Metallreviere zwischen Nordostfrankreich und dem Niederrheingebiet.

Der Grund für den Erfolg der niederdeutschen, speziell der Lübecker Kaufleute, die sich gegen die Konkurrenz der seehandeltreibenden Ostseevölker durchsetzten – Gotländer, Slawen, Pruzzen, Livländer, Russen, Dänen und Schweden – lag in ihrem größeren Einzugsgebiet. Indem sie bis zu den Ausschiffungshäfen, zum Teil bis zu den Erzeugern der Ostseewaren vorstießen, erzielten sie günstigere Einkaufspreise, und wegen der großen und ständig wachsenden Nachfrage im von ihnen belieferten west- und mitteleuropäischen Binnenland konnten sie beim Einkauf bis dahin unerreichte Mengen abnehmen. Dadurch gelangten mehr Silber und westeuropäische Fertigprodukte (vor allem Tuche) in die Hände der osteuropäischen Fürsten und Adligen, was deren Bereitschaft förderte, die niederdeutschen Kaufleute *vor* allen anderen handeltreibenden Gruppen mit besonderen Vorrechten, Privilegien, auszustatten.

Die neue Stadt Lübeck spielte in diesem Prozess eine zentrale Rolle. Mit ihr wurde der im westlichen und mittleren Europa entstandene Siedlungstyp der hochmittelalterlichen Stadt über die Elbe an die Ostsee vorgeschoben: die Stadt als dauerhafter Markt mit einer ortsfesten Einwohnerschaft aus Kaufleuten und Gewerbetreibenden, die eine mit Selbstverwaltungsrechten ausgestattete Gemeinde bildeten und eine eigene Kirche hatten. Die Fernkaufleute, die sich dort niederließen, konn-

Abb. 1: Hauptrouten des europäischen Fernhandels aus frühhansischer Sicht um 1300. Rot = Routen mit dem höchsten Verkehrsaufkommen. Der frühhansische Handelsraum war mit dem genuesischen und venezianischen seit der Wende vom 13. zum 14. Jahrhundert durch die Seewege nach Brügge und London sowie durch den Landweg über den Großen St. Bernhard und das Rheintal verbunden.

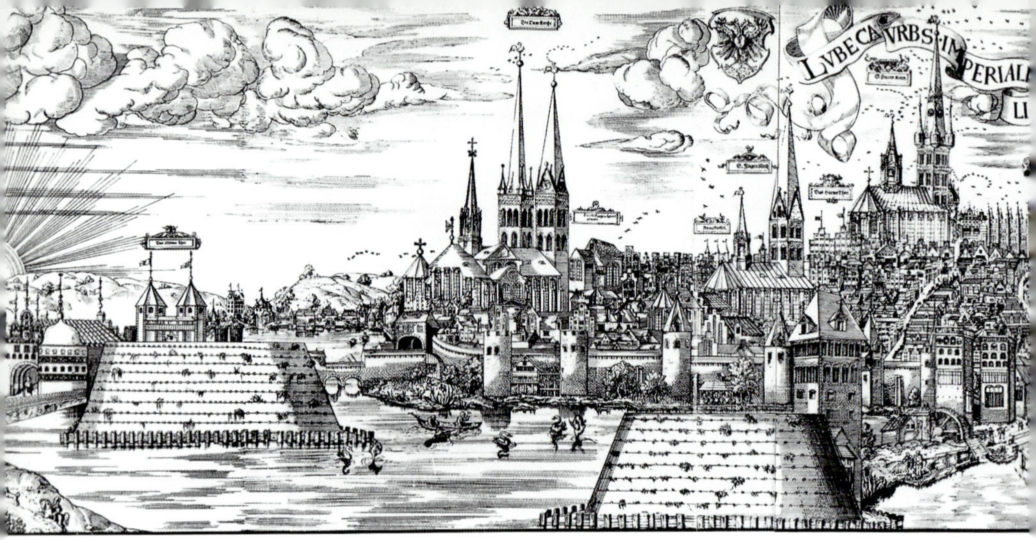

Abb. 2: Das Panorama der frühneuzeitlichen Stadt mit ihrer reichen baulichen Ausgestaltung spiegelt die wirtschaftliche und soziale Entwicklung Lübecks wider, deren Basis im 12. und 13. Jahrhundert geschaffen wurde. Holzschnitt von Elias Diebel, 1552 (siehe S. 90, 91)

ten nach ihrem eigenen sächsischen Recht und nach ihren bisherigen Gewohnheiten leben. Damit war der erste Stützpunkt mit einer festen Einwohnerschaft und den bis dahin im Reich entwickelten Selbstverwaltungsformen an der Ostsee entstanden. Auch die Kaufleute aus anderen Regionen des *regnum Teutonicum*, die über Lübeck in den Ostseeraum handelten, erhielten hier eine höhere Rechtssicherheit. Sie machte die neue Stadt für die niederdeutschen Kaufleute wesentlich attraktiver, als es das slawische Alt Lübeck zuvor gewesen war. Auch für die dänische Handelsstadt Schleswig entwickelte sich Lübeck zu einem ernsthaften Konkurrenten.

Ihre Lage am Fuß der Jütischen Halbinsel machte Lübeck – solange die direkte Seeverbindung zwischen Ost- und Nordsee um Skagen herum zu gefährlich war – zum entscheidenden Umschlagplatz zwischen West- und Nordosteuropa (Abb. 2, 5). Über die Stadt an der Trave lief somit der Löwenanteil des Ost-West-Warenverkehrs – und selbstverständlich auch der Warenfluss in der Gegenrichtung. Die Stadt saß wie eine Spinne im Netz; alle Handelswaren mussten dort umgeladen werden, von Fuhrwerken auf Schiffe und umgekehrt. Deshalb konnte man in Lübeck alle Produkte des Ost-West-Handels erwerben, und man konnte dort so gut wie alle Kaufleute treffen, die im Ost-West-Handel engagiert waren. Die Vielzahl an Chancen, die sich in Lübeck eröffneten, führte dazu, dass sich hier viele Kaufleute und Handwerker niederließen. Mit der Verarbeitung und Veredelung mancher dort umgeschlagener Waren (Pelze, Leder, Metalle) und mit Zuliefererdiensten für den Handel (Schiffszimmerleute, Böttcher, Wagner) fand auch das Handwerk goldenen Boden. In Lübeck sammelte sich Wissen und Kapital an, das die Stadt für Kaufleute und Handwerker immer attraktiver machte; die Travestadt entwickelte sich zur Informationsbörse des Ost-West-Handels, lange bevor es diesen Begriff überhaupt gab.

Die Kaufleute des 12. und 13. Jahrhunderts

Wer waren die Fernkaufleute, die diese Entwicklung anstießen? Innerhalb der bürgerlichen Schwurgemeinde der ersten *civitas* stellten die Fernkaufleute einen Teil der Führungsgruppe; der Chronist Helmold spricht von *mercatores et ceteri habitatores*, von Kaufleuten und den übrigen Einwohnern, die 1158/59 mit Heinrich dem Löwen verhandelten.[5]

Da alle diese Einwohner nach Lübeck zugewandert waren, müssen wir fragen, welche Position die *mercatores* in ihren Herkunftsgebieten im Altreich innehatten. Dort gehörten sie zu einem breiten sozialen Feld, sie kamen in der Regel aus drei gesellschaftlichen Gruppen:[6]

Die erste Gruppe stellten Ministerialen (das waren Unfreie im „gehobenen Dienst") aus der *familia* (dem abhängigen Personenverband) eines Stadtherrn. Vor allem in Städten mit starker Stadtherrschaft konnten sie zum Fernhandel wechseln, da es viele direkte Verbindungen zwischen ihren Aufgaben in der städtischen Verwaltung (Markt-, Münz- und Zollverwaltung) und dem Fernhandel gab. Oft wurde zum Beispiel der Zoll in Waren beglichen, die der Zöllner dann verkaufen musste. Überschneidungen gab es auch bei der Vermarktung der Landwirtschaftsprodukte, die auf den Ländereien der Ministerialen erzeugt wurden.

Die zweite Gruppe bildeten Altfreie, die über Grundeigentum und Gerichtsrechte verfügten und oft zur städtischen Führungsgruppe gehörten; auch sie konnten mit den Erzeugnissen ihrer Ländereien Fernhandel treiben.

Die dritte Gruppe stellten die eigentlichen Fernkaufleute, die ganz unterschiedlicher Herkunft waren: Da waren zum ersten die fahrenden, in Gilden zusammengeschlossenen Kaufleute, die in besonderen, von anderen Siedlungen entfernt liegenden

Plätzen gewohnt hatten; andere Kaufleute stammten aus der *familia* kirchlicher und weltlicher Grundherrschaften und brachten deren Überschüsse in den Handel; einen dritten Teil stellten die marktorientierten Handwerker, die nicht mehr nur auf Bestellung arbeiteten, sondern ein Angebot bereithielten, und damit sozusagen auf dem Sprung zum Kaufmannsberuf waren. Aus ihnen allen entstand seit dem 11. Jahrhundert die Gruppe der stadtgestützten Berufskaufleute. Weiter gab es die saisonabhängigen sogenannten Bauernhändler aus den am Meer gelegenen Regionen. Das waren Eigentümer großer Höfe, die ihre Überschüsse aus der Landwirtschaft (Getreide, Mehl, Fleisch, Wolle) und Produkte des eigenen Hausgewerbes (vor allem Tuche) in den Fernhandel einbrachten und die, besonders in Friesland und Dithmarschen, bis ins 16. Jahrhundert hinein Träger eines nicht städtisch gebundenen Fernhandels blieben.

Fernkaufleute galten als *homines duri*, als harte Männer, die es gewohnt waren, das Schwert zu führen. Belegstellen aus der mittelhochdeutschen und westeuropäischen Literatur zeigen, dass Fernkaufleute und Ritter den gleichen Lebensstil pflegten, dass die Spitzengruppe der Fernkaufleute, Altfreien und Ministerialen eng miteinander verflochten war. „Der Kaufmann, der als Ritter auftritt, schmückt sich nicht mit fremden Federn, es sind seine eigenen; der Ritter, der Handel treibt, steigt nicht vom Pferde herab"[7]. Die Zeitgenossen an der Wende vom 12. zum 13. Jahrhundert sahen eine enge Verbindung zwischen der idealistisch überhöhten ritterlichen Bewährungsfahrt und dem verwegenen Abenteuer einer Fernhandelsreise. In dem damals in Köln entstandenen Epos „Der gute Gerhard" des Rudolf von Ems kommt dies deutlich zum Ausdruck. Dessen historischer Hintergrund war das Schicksal des erzbischöflichen Untervogtes Gerhard Unmaze (1159–1198), der auch als Zöllner,

Schöffe und Amtmann der Richerzeche wirkte.[8] Vor diesem Hintergrund wird deutlich, warum der Begriff *Aventure* die ritterliche Bewährungsfahrt und gleichzeitig die Handelsreise des Fernhändlers bezeichnete. In der Sprache der kaufmännischen Buchführung des 14. Jahrhunderts schließlich wandelte er seine Bedeutung zum Begriff für wirtschaftliches Risiko.

Aufgrund der hohen Anziehungskraft Lübecks dürfen wir annehmen, dass sich die dort erwähnten *mercatores* aus Angehörigen aller dieser Gruppen zusammensetzten. Leider geben die Quellen aus Lübeck und Norddeutschland über personen- und standesgeschichtliche Fragen für das späte 12. und das beginnende 13. Jahrhundert fast keine Auskunft. Um die im frühen Lübeck überlieferten Namen, die in der Regel nur Mitglieder der Führungsgruppen nennen, einordnen zu können, muss man der Frage nachgehen, woher die Familien dieser Leute stammten.

Im frühen Lübeck sind Namen von Männern aus den Familien der *Morum, Hattorp, cum ferrea manu, Ostinchusen, Pape und Hamer* überliefert, die namensgleich mit altfreien Geschlechtern waren, die in Soest zur städtischen Führungsgruppe gehörten. *Giselbert von Warendorp* stammte aus einem ministerialischen Geschlecht aus dem Münsterland. In Hildesheim waren Familien mit den Namen *Rufus, de Domo und Pepersack* beheimatet. Ebenfalls aus einem niedersächsischen Ministerialengeschlecht stammten die *Boizenburgs,* die bei der Stadterhebung der Hamburger Neustadt eine wichtige Rolle spielten. Die Familie der *Wickede* in Dortmund gehörte zu der Reichshufen besitzenden, ministerialischen Dortmunder Bürgerschaft, die allein die Ratsherren der frühen Stadt stellten. Mitglieder der westfälischen Adelsfamilie der *Vifhusen,* deren bürgerlicher Zweig in Lübeck im 13. Jahrhundert vier Ratsherren, darunter einen Bürgermeister, hervorbrachte – von ihr hat die Straße „Fünfhausen" ihren Namen –, waren in den 1320er Jahren Vasallen in der Diözese Dorpat. Aus dem Lübecker Zweig der Familie kam *Vromhold,* der um die Mitte des 14. Jahrhunderts Erzbischof von Riga war. Zu dessen mächtigsten Stiftsvasallen wiederum gehörte sein Bannerträger *Bartholomäus Thisenhusen* aus einer niedersächsischen, an der Weser beheimateten Familie, die wiederum einen bürgerlichen Zweig in Lübeck hatte. Bereits um 1200 sind in Lübeck Namen überliefert, die auf Bremer Ministerialenfamilien weisen: *de Domo, van Bremen, Monik (Monich), Frese (Friso), Schernbeke, de Urbe.*

Die Mitglieder dieser städtischen Führungsgruppen behielten ihre (nieder)adelsgleiche Position bis ins 15. Jahrhundert hinein anscheinend ganz selbstverständlich. Im 13. und 14. Jahrhundert waren Lübecker Bürgersöhne Ritterbrüder des

Abb. 3: Gefährliche Reisen und der Umgang mit Handelspartnern aus fremden Kulturen: Die Fernkaufleute galten als „harte Männer". Die Wange aus dem Gestühl der Novgorod-Fahrer im Lübecker Dom zeigt einen russischen Pelzhändler. *(siehe S. 92, 93)*

Deutschen Ordens, aber auch des livländischen Schwertbrüderordens. Karl IV. redete die Lübecker Ratsherren bekanntlich mit *domini*, ‚ihr Herren', an. Die so Angesprochenen hatten das Recht, gleich dem Adel weißes Leinen zu tragen, und die Angehörigen der Führungsgruppen wurden Mitte des 14. Jahrhunderts in den städtischen Chroniken mit adligen Tugenden hervorgehoben: Kriegstaten, Tapferkeit und Turnierspiel.

Daraus wird deutlich, dass die Mitglieder der *Lübecker* Führungsgruppen aus Familien stammten, die – zum Teil bereits seit zwei oder mehr Generationen – Erfahrung in der herrschaftlichen Verwaltung gesammelt hatten, die aber auch ihre eigenen Interessen den jeweiligen Stadtherren gegenüber gut vertreten konnten. Diese Familien pflegten gute Kontakte und ein weiträumiges Beziehungsgeflecht zum Beispiel von Westfalen über Lübeck bis ins Baltikum. Überlieferungsbedingt ist dies bis zum 15. Jahrhundert nur schwer, wenn auch immer dichter werdend, zu fassen. Aber bereits die wenigen Zeugnisse des 13. Jahrhunderts zeigen die typischen Merkmale interurbaner Beziehungen einer relativ geschlossenen Führungsclique.

Auch die finanziellen Möglichkeiten, die hinter einzelnen Mitgliedern dieser Führungsgruppen standen, waren wesentlich größer, als man noch vor wenigen Jahren annahm. Die Bedeutung der kaufmännischen Führungsgruppe, ihre Verbindungen zur Ministerialität und der politische Einfluss, den sie mit ihrem Geld ausübte, sind im Westen des Reichs seit dem späten 12. Jahrhundert bezeugt.[9] Auch die Kaufleute, die den lukrativen Osthandel im 11. und 12. Jahrhundert gestalteten, besaßen ein weitaus größeres Vermögen als das, was sie auf ihrer Reise mitführten.

Die Bürgerschaft der Städte des späten 12. und frühen 13. Jahrhunderts bestand also aus rechtsgleichen – weil alle über den Eid der bürgerlichen Gemeinde verbundene Schwurgenossen waren –, sozial aber extrem unterschiedlichen Gruppen und Personen. Diese Unterschiedlichkeit betraf vor allem die Gruppe der Kaufleute. Das ist ein wesentlicher Gesichtspunkt für die gesellschaftliche Hierarchie innerhalb der entstehenden Städte, aber auch für die soziale Akzeptanz der städtischen Führungsgruppen innerhalb der adligen Welt bis mindestens zum Ende des 14. Jahrhunderts. Denn die Führungsgruppen dieser Städte, zu denen auch die Fernkaufleute zählten, umfassten im 12. und 13. Jahrhundert Mitglieder aus denselben sozialen Gruppen, aus denen sich im gleichen Zeitraum der landsässige Niederadel bildete. Erst seit dem Ende des 14. Jahrhunderts wird das Rittertum in zeitgenössischen Quellen als mit dem stadtbürgerlichen Stand unvereinbar geschildert.

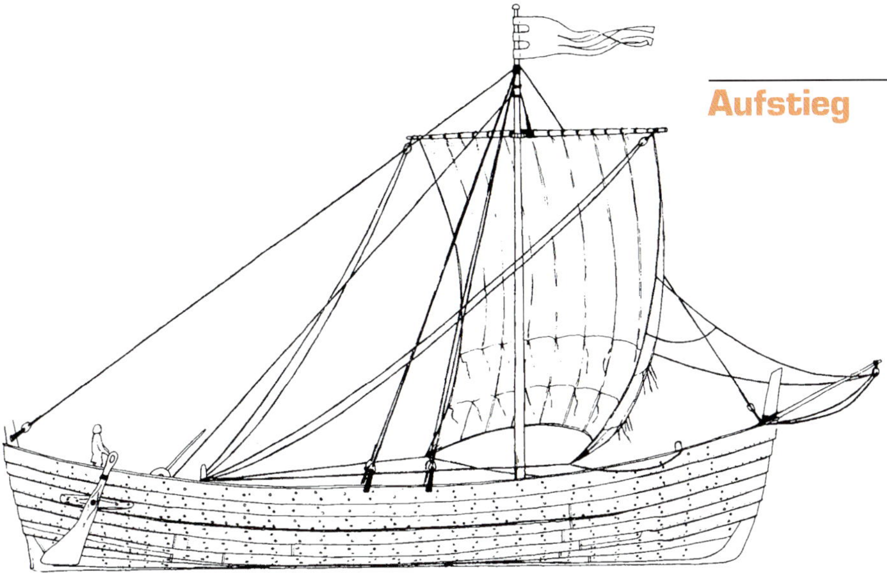

*Abb. 4: Ein Koggen** aus der Zeit um 1200. Mit Schiffen dieser Art segelten die niederdeutschen Kaufleute nach Visby, Novgorod oder Riga. Rekonstruktionszeichnung des Kollerup-Koggen. Das Schiff hatte eine Zuladefähigkeit von rund 15 Last (30 t).*

Die bedeutende verfassungsrechtliche Position, die Lübeck als Reichsstadt seit 1226 innehatte, dürfte nicht zuletzt erst durch die ständische Qualität seiner Führungsgruppe möglich geworden sein. Denn die reichsrechtlich zu dieser Zeit einmalige Bildung einer *civitas,* die frei, *libera,* sein sollte, das heißt Teil des Reichsguts und nur dem König untertan, bedeutete die rechtliche Gleichstellung der Stadt mit den umliegenden adlig-fürstlichen Territorien in einer Zeit, in der sonst von Reichs wegen die bürgerlich-städtischen Schwureinungen verboten und verfolgt wurden und die Stellung der Fürsten als ‚Könige in ihren Territorien' ebenfalls von Reichs wegen festgeschrieben wurde. Die neue reichsrechtliche Konstruktion wird verständlicher, wenn man sich den gewissermaßen niederadligen Stand von Mitgliedern der Führungsgruppe der *burgenses,* der Empfänger des Reichsfreiheitsprivilegs im Jahre 1226, vor Augen hält.

Auf dem Weg zur Macht

Der Auslandshandel im 12. und – in regional unterschiedlicher Dauer – auch im 13. Jahrhundert war beim Landhandel als Karawanenhandel, beim Seehandel als Konvoifahrt organisiert.[10] Die Unsicherheit der Straßen und Wege und die ständige Gefahr beraubt zu werden, zwangen die Kaufleute zum gemeinsamen Reisen in Fahrtgemeinschaften. Diese Vereinigungen von Kaufleuten auf der Fahrt und am auswärtigen Ziel nannte man *Hansen.* Die Fahrtgemeinschaften, die von Lübeck aus nach Gotland und später weiter nach Novgorod oder Riga segelten (Abb. 3, 4, 5), setzten sich aus den Kaufleuten zahlreicher städtischer und landschaftlicher Gilden zusammen.

Die Befriedung der Verkehrswege vom zweiten Drittel des 13. Jahrhunderts an machte den Handelsverkehr zunehmend sicherer. Damit entstand die Rahmenbedingung für den Individualhandel und für die Entsendung von Waren durch Vertreter oder Handelsgesellen in ferne Länder. In langen und mühevollen Verhandlungen der Städte, vor allem Lübecks und Hamburgs, mit den politischen Gewalten der Zeit, den geistlichen und weltlichen Landesherren, von Flandern und England im Westen bis zur Narva* und zum Wolchov* im Osten, ließen sich die Kaufleute ihre Sicherheit für die Handelswege verbriefen.

Abb. 5: Das regionale, abschnittsweise Seeverkehrssystem um 1250–1350. In den wendischen Küstenstädten wurden die Massengüter aus der östlichen Ostsee angelandet, umgeladen und auf Schiffen dieser Städte in direkter Umlandfahrt nach England oder Flandern gebracht.

Diese politische Befriedung war eine wesentliche Voraussetzung für die von Italien ausgehende ‚kommerzielle Revolution' auch im nördlichen Europa.[11] Im hansischen Raum konnten nun die Handelsgeschäfte der führenden Fernkaufleute vom heimatlichen Kontor aus geführt werden, wobei man einen Vertreter oder jüngere Handelspartner für jeweils eine Handelsreise beauftragte. Dieses System ermöglichte es dem Senior-Kaufmann, mit seinen Waren an mehreren Orten gleichzeitig präsent zu sein, was das Volumen seines Handels weiter vergrößerte.

Weil die Senior-Kaufleute jetzt nicht mehr ständig unterwegs waren, sondern sich einen großen Teil des Jahres in ihrer Heimatstadt aufhielten, waren sie in der Lage, sich vermehrt um die politischen Belange der Stadt zu kümmern. In der politischen

Folge dieser kommerziellen Revolution wurden daher zunehmend Fernkaufleute in den Rat gewählt und verdrängten gegen Ende des 13. Jahrhunderts in Lübeck die alte Elite der Großgrundeigentümer aus dem Rat.[12] Als Ratsmitglieder hatten die Fernkaufleute die Möglichkeit, ihre eigenen Interessen auch mit

den Ressourcen der ganzen Stadt zu verfolgen, eine Möglichkeit, die wegen der Mitspracherechte der Bürgerschaft zunächst an den inneren, später, nach Übernahme der stadtherrlichen Rechte, auch an den äußeren Angelegenheiten der Stadt jedoch eingeschränkt war.[13]

Lübeck und die wendischen Städte Wismar, Rostock und Stralsund gehörten außerdem zu den handelswirtschaftlichen Gewinnern des neuen Systems (Abb. 5). Während sie im Zeitalter des Handels der Fahrtgenossenschaften hauptsächlich Umschlagplätze für den Transithandel durchreisender Kaufleute waren, entwickelten sie sich nun zu Stapelplätzen des Ost-West-Handels. Das weitgehend auf Freihandel basierende System des 12. und 13. Jahrhunderts wurde Schritt für Schritt eingeschränkt. Der einzelstädtische Egoismus setzte sich durch. Besonders Lübeck nutzte seinen ‚natürlichen' Stapel, das heißt die Tatsache, dass die Waren dort im Hafen umgeladen werden mussten, und verpflichtete sämtliche Fremden, also Kaufleute, die nicht Lübecker Bürger waren, und diejenigen, die in Lübeck nicht privilegiert waren, ihre Waren eine bestimmte Anzahl von Tagen (3 bis 7 Tage je nach Warenart) zum Kauf anzubieten. Das bedeutete, dass die Lübecker Kaufleute die Möglichkeit hatten, aus allen Waren, die über Lübeck liefen, die besten auszusuchen und zu kaufen.

Aus dem neuen System erwuchs für Lübeck und die anderen wendischen Seestädte eine machtvolle Vermittlerfunktion. In ihr erkennen wir den Schlüssel für die zentrale Bedeutung des ‚Wendischen Quartiers' in der ab der Mitte des 14. Jahrhunderts fassbaren Organisation der Hanse. Diese Vermittlerfunktion umfasste den Überlandhandel und die zentrale Rolle in der Versorgung eines großen Raumes mit den Grundnahrungsmitteln Hering und Getreide aus Vorpommern, Mecklenburg, Lauenburg, Holstein und die wohl in der zweiten Hälfte des 13. Jahrhunderts einsetzende Funktion als Verschiffungshäfen für den direkten Seetransport von Ostseewaren nach Westen (und umgekehrt). In diesen vier Städten wurden die Massengüter aus der östlichen Ostsee angelandet, umgeladen und auf Schiffen dieser Städte in direkter Umlandfahrt – so nannte man die Fahrt um Skagen herum – nach England oder Flandern gebracht.[14] Der Transport der wertvollen, teuren Güter erfolgte nach wie vor auf dem Landweg zwischen Lübeck und Hamburg, so dass Lübeck innerhalb dieses Systems die absolute Vorrangstellung hatte (Abb. 5).

Noch heute zeugen die erhaltenen Kaufmannshäuser in Lübeck von dem enormen Speicherbedarf, der im 13. Jahrhundert aufgrund des Warenumschlags entstand. Man schätzt, dass bis zur Wende zum 14. Jahrhundert rund 1000 Häuser aus Backstein in der Travestadt entstanden. Zusammen mit den Neubauvorhaben an fünf Lübecker Kirchen, den Klöstern und dem Heiligen-Geist-Hospital[15] ist dies ein eindrucksvoller Beleg für den Reichtum, der sich aufgrund der Handelskonjunktur damals in Lübeck bildete.[16]

Der Durchbruch zur Macht

Die große ‚politische' Stunde der Kaufleute kam, als in der Mitte des 13. Jahrhunderts das Kaisertum der Staufer zusammenbrach. Die norddeutschen Territorialfürsten waren zu schwach, um die Fernkaufleute und deren Waren auf ihren Fahrten schützen zu können, so dass die Städte ihren eigenen Schutz und den ihrer Kaufleute selbst in die Hand nehmen mussten. Die Fernkaufleute und der Rat der Reichsstadt Lübeck – deren führende Mitglieder ein- und dieselben Personen gewesen sein dürften – übernahmen die diplomatische Initiative. Sie waren auf vier verschiedenen Ebenen der Politik aktiv: erstens auf der städtischen Ebene, und zwar sowohl dem König als Stadtherrn als auch den Mitbürgern gegenüber, zweitens beim Erwerb der Handelsprivilegien im Ausland, drittens bei der Sicherung und Befriedung der Wege dorthin und viertens auf der Ebene der zwischenstädtischen Bündnisse.

In Lübeck selbst schaffte der 1201 zum erstenmal erwähnte Rat nach 1226 den Durchbruch zur Vorherrschaft. Der Rat war zunächst ein Organ für die Regelung innerer Angelegenheiten der Bürgergemeinde, dem auch damals neben stadtherrlichen Dienstleuten und Großgrundeigentümern Fernkaufleute angehört haben dürften. Noch in den 1230er Jahren wurde der Vogt, der die Interessen des Stadtherrn vertrat, dem Rat unterstellt, der damit auch die Gerichtsbarkeit erhielt. Und am Ende des 13. Jahrhunderts sicherten die ratsfähigen Familien ihre Position gegenüber den nachrückenden Gruppen der Bürgerschaft durch die Fälschung einer Ratswahlordnung, die noch bis 1669 so in Kraft bleiben sollte.[17] Beim Erwerb der mit Kaufleuten anderer Städte gemeinsamen Handelsprivilegien schoben sich die Lübecker nun immer mehr nach vorn.[18] Während sie in den Verträgen bis zur Mitte des 13. Jahrhunderts nur neben Vertretern anderer Städte und nie an erster Stelle genannt wurden (1199 Novgorod, 1229 Smolensk, 1237 England), standen sie seit der zweiten Hälfte des Jahrhunderts fast immer an der Spitze (1252 Schweden, 1259/60 und 1269 Novgorod).

Privilegien zur Sicherung und Befriedung der Wege zu den Außenhandelsplätzen sowie zur Minderung oder Befreiung von Zöllen auf diesen Wegen, die für die Gemeinschaft der niederdeutschen Kaufleute erworben wurden, begegnen uns seit 1232. Die Grundlage für diese überregionalen Versuche, dem Kaufmann im unsicheren Raum Schutz zu verschaffen, bildeten zahlreiche Verträge nicht nur zwischen den Städten. Wenn möglich, bezogen sie adlige Herrschaftsträger ein.

Mit Vereinbarungen untereinander taten sich die wendischen Städte aus Konkurrenzgründen allerdings schwer. Erst 1260 schlossen Lübeck, Wismar und Rostock ein Abkommen zur Sicherung der Schifffahrt, das 1264 unter anderem mit dem Beschluss erweitert wurde, jährlich über gemeinsame Anliegen zu beraten. Greifswald und Stralsund, das noch 1249 wohl wegen der Konkurrenz um die rügenschen Heringsfanggründe von Lübeck belagert und teilweise zerstört worden war, fanden erst 1283 im Rahmen des großen Rostocker Land- und Seefriedensbündnisses zu dieser Städtegruppe.

Am Ende des 13. Jahrhunderts hatte die Spitzengruppe der Lübecker Fernkaufleute, die die ratsfähigen Familien stellte, die – verfassungsrechtlich jedoch eingeschränkte – Macht innerhalb der Stadt. Gleichzeitig konnte sie die Handels- und Außenpolitik selbstständig gestalten. Die Stadt Lübeck dürfte zu diesem Zeitpunkt ihre größte handelswirtschaftliche Bedeutung erreicht haben. Denn im 14. Jahrhundert, vor allem seit dessen zweiter Hälfte, gefährdeten zwei eng miteinander verbundene Entwicklungen die beherrschende Stellung der niederdeutschen Kaufleute im Zwischenhandel des nördlichen Europa und die relative Autonomie der Städte, die die Voraussetzungen für eine eigenständige Politik waren:[19] zum einen durch die Veränderungen der wirtschaftlichen Struktur Europas infolge der großen Pestepidemien seit der Mitte des 14. Jahrhunderts und der Verlagerung der Wirtschaftsräume und Handelswege, zum anderen durch die wachsende politische und wirtschaftliche Macht der Könige und Fürsten in den Zielländern des Handels und in den Territorien des Reiches. Gezwungen durch die sich verschlechternde Lage im Handel und in der politischen Bewegungsfreiheit fanden sich die Räte der niederdeutschen Städte und die Fernkaufleute seit der Mitte des 14. Jahrhunderts in der *dudeschen hense*, der Deutschen Hanse, zusammen, um ihre Vorherrschaft gegenüber der aufkommenden Konkurrenz zu bewahren. Die Hanse war, so gesehen, also eine defensive Organisation zur Verteidigung des status quo.[20] Aber das ist eine andere Geschichte.

* Novgorod – Nowgorod: Im Russischen gibt es nur einen Buchstaben „B", der im Deutschen wie „W" gesprochen wird. Daher wird vielfach „Nowgorod" geschrieben. Translilteriert heißt es jedoch „Novgorod" mit „V".
** Die Kogge – der Koggen: Umgangssprachlich ist die weibliche Form des Begriffes so weit verbreitet, dass man stutzt. Die Quellen sprechen jedoch von „der Koggen" in der männlichen Form.

1 Zur Geschichte der Hanse siehe: Dollinger, Philippe: Die Hanse, 5. erweiterte Auflage Stuttgart 1998; Hammel-Kiesow, Rolf: Die Hanse, München 2000

2 Jenks, Stuart: Von den archaischen Grundlagen bis zur Schwelle der Moderne (ca. 1000–1450), in: Deutsche Wirtschaftsgeschichte. Ein Jahrtausend im Überblick, hg. von Michael North, München 2000, S. 15–106, zur demographischen Entwicklung S. 35 f.

3 Zum folgenden: Lübeckische Geschichte, hg. von Antjekathrin Graßmann, 3. Auflage Lübeck 1997; Hammel-Kiesow, Rolf: Neue Aspekte zur Geschichte Lübecks: von der Jahrtausendwende bis zum Ende der Hansezeit. Die Lübecker Stadtgeschichtsforschung der letzten 10 Jahre (1988–1997), Teil 1: bis zum Ende des 13. Jahrhunderts, in: Zeitschrift des Vereins für Lübeckische Geschichte und Altertumskunde 78, 1998, S. 47–114; ders., Hanse (wie Anm. 1).

4 Helmold von Bosau, Slawenchronik, neu übertragen und erläutert von Heinz Stoob, Darmstadt 1973, c. 57, S. 202 f.

5 Helmold von Bosau, Slawenchronik, c.86, S. 302 f.

6 Alle Nachweise zum folgenden in Hammel-Kiesow, Neue Aspekte (wie Anm. 3), S. 65–73; Demski, Rainer: Adel und Lübeck. Studien zum Verhältnis zwischen adliger und bürgerlicher Kultur im 13. und 14. Jahrhundert, (Kieler Werkstücke, Reihe D: Bd. 6), Frankfurt/Main 1996, im Kapitel ‚Zur ständischen Herkunft des Lübecker Bürgertums', S. 77–83

7 Klinkenberg, Hans Martin: „Bürgerliche Bildung" im Mittelalter? in: Studien zur Deutschen Literatur des Mittelalters, hg. von Rudolf Schützeichel in Verbindung mit Ulrich Fellmann, Bonn 1979, S. 334–370, S. 344, zitiert nach Zöller, Kaiser, Kaufmann (wie folgende Anm.), S. 88

8 Zöller, Sonja: Kaiser, Kaufmann und die Macht des Geldes. Gerhard Unmaze von Köln als Finanzier der Reichspolitik und der „Gute Gerhard" des Rudolf von Ems (Forschungen zur Geschichte der älteren deutschen Literatur, Bd. 16), München 1993

9 Stromer, Wolfgang von: Hochfinanz, Wirtschaft und Politik im Mittelalter, in: Hochfinanz im Westen des Reiches 1150–1500, hg. von F. Burgard u.a. (Trierer Historische Forschungen Band 31), Trier 1996, S. 1–16

10 Zum folgenden: Hammel-Kiesow, Hanse (wie Anm. 1), S. 38 ff.

11 Jenks, Grundlagen (wie Anm. 2), S. 25–28

12 Zur Ablösung der älteren Führungsgruppe in den Jahrzehnten um 1300 siehe bereits Rörig, Fritz: Lübecker Familien und Persönlichkeiten aus der Frühzeit der Stadt, in: ders., Wirtschaftskräfte im Mittelalter, hg. von Peter Kaegbein, Wien u. a. 1971, S. 134–146

13 Zum Verhältnis Bürgerschaft – Rat unbedingt heranzuziehen: Pitz, Ernst: Bürgereinung und Städteeinung. Studien zur Verfassungsgeschichte der Hansestädte und der deutschen Hanse (Quellen und Darstellungen zur hansischen Geschichte N.F. 52), Köln u.a. 2001

14 Hammel-Kiesow, Rolf: Lübeck and the Baltic Trade in Bulk Goods for the North Sea Region 1150–1400, in: Cogs, Cargoes and Commerce: Maritime Bulk Trade in Northern Europe 1150–1400, hg. von Lars Berggren / Nils Hybel / Annette Landen (Papers in Medieval Studies 15), Toronto 2002, S. 55–93, hier: S. 87–89

15 Holst, Jens Christian: Dar umme is se noch so ordeliken buwet – Früher Backsteinbau in Lübeck, in: Festschrift für Günther Kokkelink, hg. von Stefan Amt (Schriften des Instituts für Bau- und Kunstgeschichte der Universität Hannover; Bd. 12), Hannover 1999, S. 41–50, hier S. 45

16 Zur wirtschaftlichen Prosperität Lübecks im 13. Jahrhundert siehe den Überblick von Ranft, Andreas: Lübeck um 1250 – eine Stadt im „take-off", in: Europas Städte zwischen Zwang und Freiheit. Die europäische Stadt um die Mitte des 13. Jahrhunderts, hg. von Wilfried Hartmann, Regensburg 1995, S. 169–188

17 Hoffmann, Erich: Lübeck im Hoch- und Spätmittelalter: Die große Zeit Lübecks, in: Lübeckische Geschichte (wie Anm. 3), S. 79–339, hier: S. 216–238

18 Zum Privilegienerwerb der Lübecker: Hammel-Kiesow, Neue Aspekte (wie Anm. 3), S. 73–92

19 Hammel-Kiesow, Hanse (wie Anm. 1), S. 97 ff.

20 Zur Hanse als defensiver Organisation siehe North, Douglas C. / Robert Paul Thomas: An Economic Theory of the Growth of the Western World, in: The Economic History Review, 23.1, 1970, 1–17

Peter W. Kallen

Kunst der Fuge

Die Baukunst der Gotik in Lübeck

Der Aufstieg Lübecks zur wirtschaftlichen und politischen Führungsmacht der Hanse vom 13. bis zum Ende des 14. Jahrhunderts ging mit dem Ausbau der gotischen Stadt einher. Es entstanden die fünf Hauptkirchen, die Kloster und Hospitalanlagen, das Rathaus und eine Vielzahl von Bürgerhäusern mit ihren schlanken Giebeln. Einer der ältesten Giebel Lübecks steht in der Hundestraße 94. Das Deutsche Band ziert die Staffel als oberer Abschluss. Teilweise sind auch die spitzbogigen Doppelluken der Speicherböden erhalten.

Abb. 1: St. Marien in Lübeck war Vorbild für viele Kirchen im Ostseeraum. Zweiturmfassade der gotischen Kathedrale, um 1315–1337

Seit dem Ausgang des Mittelalters zeichnet sich im geistigen Leben Europas die Tendenz ab, sich im Denken und Glauben von autoritärer Bevormundung und Beeinflussung unabhängig zu machen. „Stadtluft macht frei", die urbanen Zentren emanzipieren sich zu „Freien Städten". Der Bürger dokumentiert seine neue Freiheit des Geistes, sein nach außen drängendes Selbstbewusstsein, in einem neuen Bauwillen. Zwangsläufig treten an die Stelle der alten Ordnung sich widersprechende Prinzipien, eine Un- und Umordnung des tradierten Formgefüges ist die Folge, aus der sich eine neue Ordnung von solch schwungvoller Macht des Emporstrebens herauskristallisiert, die wir noch heute in sprachlosem Staunen in den gewaltigen Werken der gotischen Kathedralen bewundern.

Im weiten Gebiet entlang der Ostsee vom Nordwesten des deutschen Reiches bis zum Baltikum, dem wendischen Quartier der Hanse, bezeichnet Lübeck einen Höhepunkt der gotischen

Backsteinarchitektur (Abb. 1), die wie in keiner anderen Landschaft Europas die Wohnhäuser der Bürger, ihre Kirchen und die Stadtbefestigungen mit ihren Toren in einer gemeinsamen Formensprache verbindet. Die gotischen Backsteinkathedralen standen zumindest anfangs unter dem Einfluss des französischen und frühen deutschen Baudenkens der Kathedralen aus Haustein.

In der Lübecker Altstadt wurde und wird immer gebaut. Unter Beibehaltung der gemeinsamen Brandmauern modernisierte man überformend die vorhandene, alte Bausubstanz. Die bedeutsamste und das Stadtbild noch heute bestimmende Bauphase umfasst die Zeit des Aufstiegs Lübecks zur wirtschaftlichen und politischen Führungsmacht der Hanse von der ersten Hälfte des 13. Jahrhunderts bis etwa zum Ende des 14. Jahrhunderts. Die freie Hansestadt Lübeck wuchs mit einer Einwohnerzahl von circa 20000 Stadtbewohnern neben Köln zur zweitgrößten Stadt des Deutschen Reiches nördlich der Alpen.[1]

In diesen fast zweihundert Jahren gotischer Bautätigkeit entstanden mit den fünf Hauptkirchen, die die siebentürmige Stadtsilhouette begründeten, dem Heiligen-Geist-Hospital, den drei Klosteranlagen (Katharinenkloster, Burgkloster und Johanniskloster) in der Altstadt alle sakralen Hauptbauten Lübecks. Auch ein großer Teil der heute noch vorhandenen Lübecker Profanarchitektur mit dem Rathaus und den Privatbauten vom kleinen Handwerker- bis zum feudalen Bürgerhaus, den Buden und Ganghäusern für die ärmere Bevölkerung bis zu den Lagerhäusern am Hafen und den Stadtbefestigungsanlagen entstanden in dieser Zeit.

Das Phänomen der gotischen Architektur gänzlich zu enträtseln blieb der Wissenschaft bis heute versagt, es ist jedoch gelungen, in immer neue Tiefen des Verstehens vorzudringen und neue Facetten der gotischen Geisteshaltung freizulegen. Architekten, Bau- und Kunsthistoriker und Laien bemühen sich, das Geheimnis der Faszination der gotischen Architektur zu ergründen, den vielbeschworenen „Geist der Gotik" zu spüren und zu erklären. Der suggestive gotische Raum wird zum magischen Spiegel des Betrachters, der seine eigene Existenz reflektiert. Gab es den „gotischen Menschen"? Sicherlich nicht; aber es gibt das „gotische Bauwerk" als architektonische Botschaft aus einer Zeit vor 700 Jahren und einer verlorenen Geisteshaltung, die jedoch ohne die Tatkraft und das Wollen der damaligen Baumeister und Bauherren, Arbeiter und Helfer, die zum Gelingen des Baues beigetragen haben, der sogenannten gotischen „Bauhütte"[2], nicht möglich gewesen wäre. Dieser kurze Beitrag wurde nicht in der Absicht geschrieben, eine stilgeschichtliche Abhandlung der sakralen und profanen gotischen Baudenkmale der Hansestadt Lübeck zu bieten, sondern er soll als Überblick zum Verstehen der beeindruckenden Formensprache der Lübecker Backsteinkirchen und Kaufmannshäuser dienen.

Was ist Backsteingotik?

Die Gotik ist ein Stil in der abendländischen Kunst vom 12. bis 16. Jahrhundert, der sich ausgehend vom Norden Frankreichs und der Île de France im gesamten Europa verbreitete.[3] Seinen Namen erhielt dieser Stil erst später von dem Künstler und Kunstkritiker Giorgio Vasari, der damit seine tiefe Verachtung gegenüber der barbarischen Kunst des Nordens, der *maniera tedesca* oder *maniera gothica*, im Gegensatz zu der von ihm hochgeschätzten antiken Baukunst zum Ausdruck brachte.

Der Begriff Frühgotik muss mit dem Baubeginn von St. Denis bei Paris um 1135 unter Abt Suger angesetzt werden und reicht bis zum Ende des 12. Jahrhunderts mit den Kathedralen von Sens, Laon, Senlis, Noyon und Paris. Die Hochgotik bezeichnet die Zeit des klassischen Kathedralbaues vom Ende des 12. Jahrhunderts mit dem Wiederaufbau von Chartres nach einem Brand bis zum Ende des 13. Jahrhunderts. Es entstehen die Kathedralen von Reims, Amiens, Beauvais, Soissons, Straßburg

Abb. 2: Hundestr. 76
Ehemaliger gotischer Staffelgiebel, dessen seitliche Staffeln im 18. Jahrhundert im Rokoko durch Schweifbogen ersetzt wurden. In den Laibungen der Blenden Viertelstab-Formsteine; Doppelluken in den Dachebenen mit Formsteinen an den profilierten Pfosten.

Abb. 3: Hundestr. 64
Staffelgiebel mit profilierten Hochblenden, Doppelluken und Kreisblenden. Im Erdgeschoss und ersten Obergeschoss überformt und durch Umbauten um 1800 verändert

Abb. 4: Hundestr. 90
um 1300; breiter Staffelgiebel mit mittig angeordneten, drei gleich hohen Blenden und deutlich tiefer gestaffelten seitlichen Begleitblenden. Die ehemaligen Doppelluken sind trotz der starken Umbauten de Fassade im frühen 19. Jahrhundert noch gut ablesbar.

und Köln. Kaum eine der genannten Kathedralen wurde tatsächlich in dieser Zeit auch fertiggestellt. Der 1248 begonnene Kölner Dom wurde beispielsweise erst nach 1848 als nationale Aufgabe vollendet. In Lübeck entsteht die Stadt in ihrer hochgotischen Ausprägung vom 13. bis zum Ende des 14. Jahrhunderts (Abb. 2–7, 10–12, 24–26).[4]

Die nachfolgende Spätgotik führte zu nationalen Sonderformen der Gotik, die zum Teil durch spezielle Stilformen geprägt sind. Der Flamboyant- oder Fischblasenstil in Frankreich und den Niederlanden wurde auch in der Backsteingotik beispielsweise im Bogenfeld des Portals der Burgkapelle von Ziesar umgesetzt. Die früher als „Deutsche Sondergotik" bezeichnete Architektur wurde ab 1350 durch die Prager Künstlerfamilie Parler von Böhmen und Österreich ausgehend verbreitet. In Lübeck ist der Stil der Spätgotik durch eine Rückdrängung der Vertikalen zugunsten der Horizontalen und eine Vermehrung der Treppen im Giebelfeld, dem Übergang vom Staffel- zum Stufengiebel gekennzeichnet. Ohne mit der gotischen Tradition zu brechen, fand allmählich ein Übergang zur Renaissance und der Neuzeit statt.

Die Hauptkennzeichen der Gotik sind im Sakralbau die Überwindung des gebundenen Systems der Romanik durch die querrechteckigen Joche des Hauptschiffes, denen quadratische

·b. 5: Königstr. 112
ı 1300; überformter Staffelgiebel 't einer deutlich schmaleren mittle- ı Hochblende und etwas breiteren 'tlichen Hochblenden. Die Abtrep- ng der Giebelstaffelung ist ver- ıtlich nachträglich „modernisiert".

Abb. 6: Königstr. 43
um 1325; einfache Staffel, zwei Hochblenden in der Mittelstaffel

Abb. 7: Marlesgrube 44
um 1350; einfache Staffel, gefaste, das heißt abgeschrägte Formsteine; Doppelluken; stark umgebaute Erdgeschoss-Zone und Fenster aus klassizistischem Umbau

Abb. 8: Langhausaufriss von St. Marien nach Norden mit Arkadenzone und Obergaden. Unterhalb der Obergadenfenster befinden sich Wandmalereien mit Heiligenfiguren unter einer gemalten Baldachinarchitektur.

in den Seitenschiffen entsprechen und die mit Kreuzrippengewölben geschlossen werden. Das Gewölbesystem wird von Bündelpfeilern oder Pfeilern mit vorgelagerten Diensten (Abb. 8) getragen, so dass ein sogenannter Baldachin entsteht.[5]

Der Spitzbogen in allen Varianten und die Verschleifung oder Vereinheitlichung von Langhaus, Querhaus und Chor zu einem einheitlichen Raum sind weitere Merkmale dieses Stils. Das offene, „gotische" Raumgefühl wird ausgelöst durch die Auflösung der tragenden, geschlossen wirkenden romanischen Wand mit Hilfe eines statisch wirksamen Stützensystems. Zwischen den Stützen spannen sich dünne Wandschalen mit hohen Arkaden, die die Schiffe kaum voneinander abgrenzen. Die Auflösung der Wand schreitet nach oben hin über die Triforien und den Obergaden mit großen Fenstern fort. In der Backsteinarchitektur sind die Fenster meist nur mit einem einfachen Stab-Spitzbogen-Maßwerk gefüllt. Aufwendiges, aus Formsteinen hergestelltes Maßwerk aus Backstein findet man in der Nachbarstadt Wismar im Nordgiebel von St. Georgen, in den Marienkirchen von Prenzlau, Stargard und Neubrandenburg, St. Katharinen in der Stadt Brandenburg und in den Rosenfenstern des Rathauses von Tangermünde.

Die theologische Botschaft der aufwendigen farbigen Verglasung mit Heilsmotiven ist leider nur selten erhalten. Aber gerade die tektonische „Diaphanie" (das Durchscheinen) der Wände, die religionsphilosophisch bedeutende Metaphorik des Lichtes als Verkörperung des Göttlichen, muss als eine der geistesgeschichtlich tragenden Grundvoraussetzungen der Sakralgotik angesehen werden.

Die Gotik ist anfangs vor allem ein Baustil der sakralen Architektur mit dem Wunsch der vertikalen Gliederung und des leichten, transzendentalen Emporstrebens. Aus der romanischen Baukunst mit ihren schweren tragenden und lastenden Teilen wird ein dynamisches System der Überwindung von Baumassen. Das Konstruktionsprinzip beruht auf der Verbindung von Pfeilern, Streben, Spitzbogen und Kreuzrippen. Typische Silhouetten und Formenmerkmale sind steile Dächer, hohe, aufgelöste Türme und die hohen Fenster mit Stab- und Maßwerk.

Der Begriff Backsteingotik bezeichnet hierbei eine Sonderform des allgemeinen gotischen Stils. Sie entwickelte sich vornehmlich in werksteinarmen Gebieten an der Nord- und Ostseeküste, die kaum größere Vorkommen an Hausteinen wie Sand- oder Kalksteinen aufweisen. Die durch das Wesen des Backsteines erzwungene Reduktion komplizierter Steinformen wurde ausgeglichen durch den Einsatz von Formsteinen, die aus dem „Normalformat" entwickelt und in der Spätgotik ab 1500 teilweise durch den Einsatz von Baukeramik (Terrakotta-Bildplatten, Abb. 26) abgelöst wurden. Dabei darf jedoch nicht übersehen werden, dass ein grundsätzlicher Unterschied der Formausprägung allein in dem verwendeten Baumaterial liegt. Die entscheidende Grundlage der deutschen Backsteingotik war die künstlerische Durchdringung des Grundmoduls aller Backsteinbauten, des Ziegels. Jener Stein aus gebranntem Ton, der in seinen Abmessungen durchschnittlich 7–9 cm hoch, 13–14 cm tief und zwischen 26 und 28 cm lang ist, fordert allein aus seiner materiellen Substanz heraus eine baukünstlerisch andere Behandlung als der Haustein.

Die Backsteingotik entfaltet mit diesen Mitteln eine eigene Formensprache, welche die dem Material eigenen Möglichkei-

Abb. 9: Spitzbogengliederung der nördlichen Brandwand der Diele in der Königstraße 51. Die Bogenfelder der abgeschlagenen Arkaden zeigen Könige aus dem Alten Testament (von links: David, Saulus und Salomon; das angeschnittene Bogenfeld ganz links zeigt den Heiligen Christophorus).

ten voll zur Geltung brachte. Vor allem die Gestaltung geschlossener Wände, die durch verschiedenfarbige Steine (Abb. 10, 11), stellenweises Tünchen sowie durch die Ausfugung mit Fugenstrichen und den Einsatz von Zierverbänden aufgelockert und linear in vertikaler und horizontaler Staffelung gegliedert wurden. Die reiche Ausbildung der Stern-, Netz- und Fächergewölbe mag als eine Besonderheit der Backsteingotik angesehen werden.

Der Backstein in seinem Verband (Abb. 12) betont das Flächenhafte der Architektur und steht damit in einem starken Gegensatz zur bildhauerisch gestaltenden Art der verschliffenen und überschnittenen Formensprache der französischen Kathedralgotik. Stets tritt die Gesetzlichkeit des farbigen Steins in seinen Schattierungen von Gelb über Rot bis zum fast schwarzen Braun in den Vordergrund. Die Mauerfugen spinnen ein feines lineares Netz, das die statische Wirkung der Bauten betont. Wer die vielfältigen, dauernd wechselnden Ansichten, das Spiel von Licht und Schatten der französischen Kathedralen von Paris, Reims, Chartres oder Amiens her kennt, wird von der Schwere der unplastischen Monumentalität der Backsteinkirchen in Lübeck, Wismar, Schwerin, Doberan, Rostock oder Stralsund zunächst geradezu erdrückt. Georg Dehio charakterisiert die Backsteingotik als „selbstbewusst ohne Selbstgefälligkeit, sachlich ohne Nüchternheit, ernst ohne Kälte, streng ohne Anwendung von Askese, kühn im Großen und haushälterisch im Kleinen, besonnen, immer geradeaus auf die Hauptsache gerichtet"[7].

Der Profanbau übernimmt diese Motive des Kirchenbaus. Der Spitzbogen wird zum dekorativen und funktionalen Formelement zur Gliederung der Wände des Innenraumes (Abb. 9). Als Sonderform entstand der für die Kaufmannshäuser der Han-

bb. 10: Katharinenkirche
221 noch vor dem Tod von Franz on Assisi begonnene Franziskanerirche mit Hochchor; Westfassade it alternierender Bänderung aus lasierten und unglasierten Ziegeln; er Figurenschmuck der Fassade tammt von Barlach und Marcks.

Abb. 11: Königstr. 30
Gutes Beispiel der Viertelstabgotik Ende des 13. Jahrhunderts in den Blendbögen; ursprünglich mit einer breiten Mittelstaffel und zwei seitlichen Staffeln entsprechend der Anordnung der Blenden. Bänderung mit Wechsel von grün glasierten und unglasierten Ziegeln. Das gesamte Gebäude wurde im 18. Jahrhundert frühklassizistisch überformt und mit einem neuen Portal und Fenstern versehen.

Abb. 12: Hüxstr. 128
Zweite Hälfte 15. Jahrhundert, ehemaliges Brauhaus; um 1800 klassizistisch überformt und 1977 als Studentenwohnheim umgebaut und saniert

sestädte charakteristische Staffel- und später der Treppen- oder Stufengiebel bei den Bürgerhäusern, hinter dem sich in den oberen Geschossen und Dachböden die Lagerräume befanden. Vorstehende Kranarme oder erhaltene Windenanlagen in den Dächern mit ihren Bodenluken über alle Geschossebenen geben heute noch vereinzelt Zeugnis von der ursprünglichen Nutzung. Das Kontor und die Arbeitsräume waren in der Diele im Erdgeschoss untergebracht. Gewohnt wurde im Seitenflügel.

Die Marienkirche als Modell urbaner Emanzipation

Von den beiden aufeinanderfolgenden Umbauvorhaben der Marienkirche als dem größten kommunalen Bauprojekt Lübecks in der zweiten Hälfte des 13. Jahrhunderts ging eine der wichtigsten Anregungen der Architekturgeschichte der Backsteingotik für den Ostseeraum aus. Das Raumgefüge der zweitürmigen Marienkirche (Abb. 13, 14) als Grundtypus der Backsteingotik bewegt sich während ihrer etwa zweihundertjährigen Neubau- und Umbauzeit im Spannungsfeld zwischen Basilika und Hallenkirche.[8] Grundsätzlich hat die architektonische Auseinandersetzung mit diesen beiden Kirchentypen im Gebiet der Backsteingotik zu facettenreichen Entwicklungen geführt, ohne dass

Abb. 13: Nordturm und Strebewerk des Langhauses von St. Marien

Abb. 14: Südturm von St. Marien mit den Lanzettfenstern der Schallöffnungen für die Glocken und Drei- und Vierpassfolgen als dekoratives Gliederungsmotiv. Die Turmecken sind mit gehauenen Granit- und Sandsteinblöcken verstärkt und bilden die sogenannte „Lübsche Kante".

tatsächlich die eine oder andere Bauform vorherrschte.

Der Typ der norddeutschen Hallenkirche stammt aus Westfalen, dem Lübeck einen Großteil seiner Bürger verdankte. Er wird eng mit dem Freiheitswillen des Bürgertums der Städte verbunden. Die Gewölbe des Hauptschiffs und der Seitenschiffe sind gleich hoch, so dass die drei Kirchenschiffe absolut gleichwertig erscheinen. Die erhöhte Führungsposition des Mittelschiffs der Basilika wird aufgegeben (Abb. 15).

Die neu entstandene Bürgerkommune Lübecks benötigte als kirchliche Versammlungsräume Bauten, die zur Aufnahme großer Personenzahlen geeignet waren. Die traditionelle Form der Querhausbasilika schien wegen ihres differenzierten Raumprogramms mit einem geringen Raumangebot für die Gemeinde – dem Mittelschiff – im Vergleich zur überbauten Fläche für den urbanen Raum ungeeignet. Zudem war sie bereits als Hoheitsform auf feudale und klerikale Herrschaftsstrukturen festgelegt.[9]

Der schon in kleineren Stadtkirchen eingeführte Typ der Halle mit seinen gleich hohen und in den Gemeinderaum stärker einbezogenen Seitenschiffen kam den städtischen Nutzungsansprüchen in funktionaler und repräsentativer Hinsicht näher. Demzufolge setzte sich die Hallenkirche als Bautyp für Stadtpfarrkirchen durch. Die architektonische Auseinandersetzung mit der Bauaufgabe verschleift in der Zeitabfolge die Polarisierung von Halle und Basilika. In einer Synthese der Gestaltungselemente wird der Gegensatz relativiert. Es kommt im Fall der Marienkirche sogar zu einer Austauschbarkeit der Bauaufgabe. Die Hallenkirche bleibt aber für die Phase des städtischen Ausbaues charakteristisch. St. Petri, St. Aegidien und St. Jakobi wurden als Hallenkirchen beziehungsweise Stutzbasiliken neukonzipiert und meist im 14. Jahrhundert fertiggestellt (Abb. 15). Lediglich die Chorabschlüsse und Seitenschiffe erfahren durch Kapellenerweiterungen später Modifikationen. Für den romanischen Dom wurde um 1260 ein gotischer Chor konzipiert, die begonnenen Umbauarbeiten kamen jedoch durch einen Streit zwischen dem Bischof und der Stadt bald zum Erliegen. Die romanische Basilika St. Marien erfuhr zunächst eine Umgestaltung als Hallenkirche.

Das einfachste Verfahren, eine bestehende Basilika zur Halle umzurüsten, war unter Belassung des Mittelschiffes und des Querhauses die Hochschiffwände mitsamt den Zwischenstützen unter den Schildbögen der Mittelschiffgewölbe herauszubrechen und die neuen Seitenschiffe mit ihren Umfassungsmauern in der Verlängerung der Stirnseiten der Querhausarme auf gleicher Höhe mit dem Mittelschiff neu einzuwölben. So wurde auch bei St. Marien verfahren. Aus dieser Umbauphase zur städtischen Bürgerkirche gibt es noch wesentliche Teile in den Umfassungsmauern der gotischen Basilika. Dieser erste Ausbau von der romanischen Vorgängerkirche zum hochgotischen Kirchenraum wurde um 1250 mit dem für die Laiengemeinde wichtigen Langhaus begonnen.

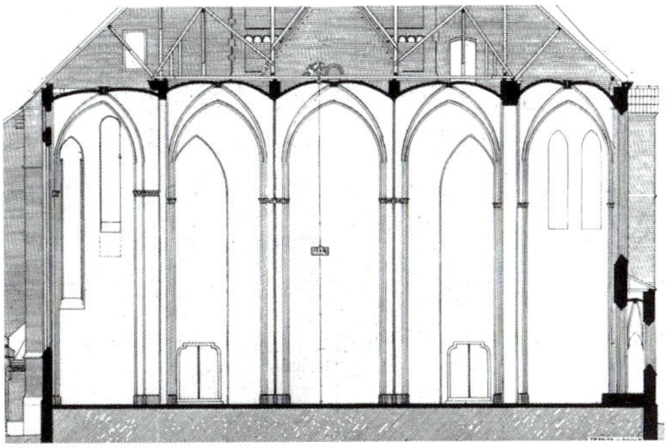

Abb. 15: St. Petri, Querschnitt der Hallenkirche; um 1220 begonnen und Mitte des 13. Jahrhunderts als dreischiffiger Kirchenraum mit Flachchor und Kapellenapsiden fertiggestellt

Ob der Umbau zur Hallenkirche jemals vollendet wurde, wird allgemein bezweifelt, da die ersten urkundlichen Quellen für eine liturgische Neuordnung des Chores mit einer Altarweihe von 1268 bereits auf den neuen gotischen Umgangschor bezogen werden. Möglicherweise gilt dieses Datum aber auch der Vollendung des Chores der Hallenkirche. Tatsache bleibt, dass in den Jahrzehnten nach 1260/70 die gotische Hallenkirche durch einen vollständigen Umbau abgeändert wurde. Der Neubau der Marienkirche als hochgotische Basilika mit kathedralhaftem Aussehen und entsprechenden Ausmaßen leitete im norddeutschen Backsteingebiet einen für Stadtkirchen, aber auch für Bischofskirchen ungewöhnlichen Kirchenbau ein.[11]

Mit der Marienkirche entwickelte sich ein neuer Bautypus, der gleich als erster ausgeformter Architekturausdruck der Backsteingotik zu einer tektonischen Verbindlichkeit führte, die zum Vorbild für zahlreiche Stadtkirchen entlang der Ostsee wurde. Von der romanischen Basilika blieb nur das Pfeilerpaar zwischen

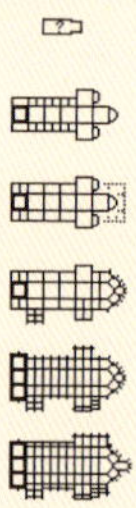

Um 1150 Erwähnung einer Marktkirche

ca. 1200–30 romanische Basilika

ca. 1250–57 Umbau zu einer Hallenkirche

ca. 1265–1310 Bau des gotischen Chores und der Briefkapelle

ca. 1315–37 gotisches basilikales Langhaus und Doppeltürme

bis 1444 Annenkapelle und andere Anbauten

Quelle: T. Woelk, Kirchenbauamt Lübeck

Tafel 1: Die Baustufen der Marienkirche zu Lübeck

Langhaus und Vierung erhalten. Teile der Umfassungsmauern des Hallenbaus wurden übernommen, die damit die äußere Grenzlinie des Neubaues bildeten. Zwei große Bauabschnitte lassen sich bereits auf den ersten Blick unterscheiden. Der erste Bauabschnitt umfasst den Chor bis zur Vierung mit dem genannten Pfeilerpaar, das vermutlich während der Bauphase die Trennwand zwischen Baustelle und Kirche trug (Abb. 17).[12]

Das Langhaus bildet den jüngeren, zweiten Bauabschnitt (Tafel 1). Die Abmessungen und das Gliederungssystem wurden zwar vom Chor übernommen, in der formalen Ausbildung des Wandaufrisses werden aber entscheidende stilistische Veränderungen durchgeführt, die auf eine Abkehr von der kathedralartigen Ausbildung des Chores zielten. Ein eigenständiges Querhaus, wie es für die vorbildhaften Bauten Frankreichs und Deutschlands üblich war, fehlt, beziehungsweise ist als nördliche und südliche Vorhalle in den Kirchenraum vollständig integriert.

Tafel 2: Grundriss von St. Marien

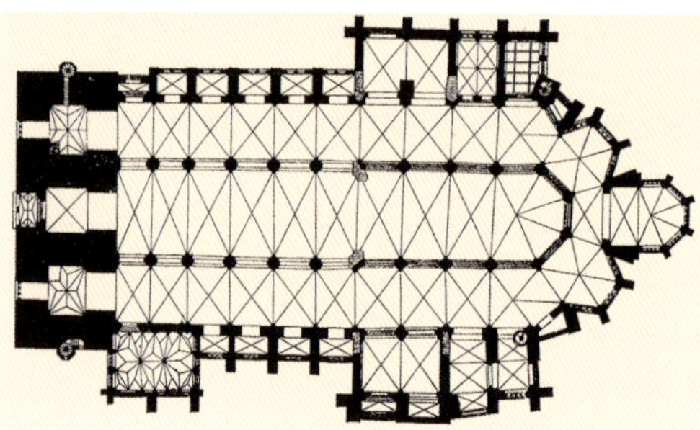

Der damals für Norddeutschland einzigartige Chorneubau von St. Marien hat eine Längserstreckung von drei Jochen mit einem polygonalen Chorabschluss über fünf Seiten eines Achtecks (Tafel 2). Die eigentliche Besonderheit der Grundrisskonzeption des Chores der Lübecker Marienkirche stellt die Anlage eines dreiseitig hervortretenden, polygonalen Kapellenkranzes dar. Dieser Kranz ist mit den Jochen des im Übergang zum Querhaus eingezogenen Chorumgangs jeweils zu Sechsecken mit gemeinsamen Kreuzrippengewölben zu einer architektonischen Einheit verschmolzen. Als Ergebnis dieses architektonischen Kunstgriffs wird dadurch eine Vereinheitlichung in der räumlichen Wirkung des

Kapellenumgangs erreicht, die sich stark von den klar abgegrenzten Kapellen der klassischen gotischen Kapellenanordnungen der französischen Tradition unterscheidet.

Über der sehr hohen Arkadenzone des Chores setzt der Obergaden an, der nach außen durch offenes Strebewerk abgestützt wird (Abb. 16). In die Wandflächen sind leicht gedrückte Spitzbogenöffnungen eingeschnitten, in die die dreibahnigen Obergadenfenster eingesetzt sind. Die Orientierung an dem gleichzeitig im Bau befindlichen Kölner Dom wird im Inneren besonders in der Ausbildung der Bündelpfeiler des Chores ablesbar.[13]

Mittels Formsteinen wurde eine dichte Folge von Birnstabprofilen aufgebaut, die ihren gemauerten quadratischen Pfeilerkern nur noch in seinen Kanten sichtbar werden lassen. Im Langhaus wird eine neue Pfeilerform mit quadratischem Kern und halbrunden, eingezogenen Eckstäben verwendet, die auch den Spitzbogen der Arkaden begleiten. Feine, sich auf die Pfeiler und die Obergadenmauer auflegende Dienstbündel streben vom Boden bis zu den Gewölben hinauf und leiten die Last der Rippen ab (Abb. 18, 19).

Die Obergadenfenster sind unter die Höhe der Chorkapellendächer als Blenden auf das Geschossgesims der Arkaden weitergeführt. Es entsteht unter Verzicht auf die Trifo-

Abb. 16: Chorpolygon von St. Marien mit Strebewerk und Kapellenkranz

Abb. 17: Blick durch das Mittelschiff von St. Marien nach Osten in den Chor

riumszone die damals moderne Variante eines zweizonalen Wandaufrisses mit einem vor die zurückspringende Obergadenwand gelegten Laufgang. Der in dieser Form erstmalig in Kirchen der Normandie verwendete Laufgang wird zum Chorraum mit einer Maßwerkbrüstung mit Fialen abgeschlossen. Die alte Dreiteiligkeit wird jedoch im Langhaus nicht zur Gänze aufgegeben. Die hohe Fensterbrüstung erhält hier eine farbige Wandmalerei mit Heiligenfiguren unter Baldachinarchitekturen, die die Triforienzone der klassischen Kathedrale als illusionistische Architekturmalerei aufnimmt (Abb. 18).

Obwohl die Lübecker Marienkirche ganz offensichtlich kathedralgotische Vorbilder verarbeitet und deren komplexe Formensprache in die Kleinteiligkeit des Backsteins zu übertragen versucht, übersetzt sie die Formensprache der Hausteingotik in die regionale Sprache der Backsteingotik. Der Chorgrundriss

Abb. 18: Chor von St. Marien nach Norden mit zweizonalem Aufriss und Bündelpfeilern mit Birnstabprofil

Abb. 19: Das gotische Baldachinsystem in St. Marien: systematische Abfolge der Gewölbejoche mit zugeordneten Stützen, Diensten, Bögen und Rippen

mit seinem für die Umgangschöre des Ostseeraums typischen Kapellenkranz mit Scheitelkapelle (Marienkapelle) und zwei Begleitkapellen verweist als Vorbild auf die Kathedrale von Quimper in der Bretagne. Für die zweigeschossige Innengliederung könnten die damals jüngsten Entwicklungen im Norden Frankreichs, die Kathedralen von Le Mans und Coutance in der Normandie, als Vorbild gedient haben. Rein stilgeschichtlich lässt sich jedoch auch eine enge architektonische Bindung zum Bau des Kölner Doms ausmachen.

Mit der Marienkirche entsteht quasi der Prototyp der Umsetzung der hochgotischen Kathedrale in die Backsteintechnik. Sie wurde neben den Hallenbauten in den Städten des Ostseeküstengebietes zum Modell für bürgerliche, sakrale Großbauprojekte mit kathedralähnlichen Ansprüchen. Die mit Lübeck konkurrierenden wirtschaftlichen Zentren an der Ostsee – Stralsund, Rostock und Wismar – bekamen mit der gotischen Marienkirche ein Architekturmodell als Repräsentationsform einer neuen kollektiven Stadtherrschaft geliefert, das über das Anspruchsniveau einer „bürgerlichen" Stadtkirche hinausgehend, als urbanes Gegengewicht zu den bischöflichen Domen gesehen werden muss.

Die mittelalterliche Stadt

Für die Gestalt und die räumliche Lage der Häuser in mittelalterlichen Städten gibt es kein klar strukturiertes System, wie es zum Beispiel noch für die römisch-hellenistische Stadt galt. Die Häuser innerhalb der Mauern der befestigten Städte entwickeln sich unter starken strukturellen Schwankungen, meist dem Zufall überlassen, so wie es die finanzielle Lage der Bauherren zuließ. Es herrschte jene „magische Unbestimmtheit" bezüglich des Raumgefühls, wie es Nikolaus Pevsner ausdrückte, die wir heute romantisierend als malerisches Mittelalter verklären. Die Lübecker Altstadt ist städtebaulich in dieser Hinsicht von Anfang an geradezu modern und nicht romantisierend konzipiert worden. Das Straßenraster entspricht einem vorausschauenden, rationalen Kalkül.[14]

Ohne stimmungsvolle „Winkelgässchen" gehörte der Lübecker Stadtgrundriss zu den revolutionärsten seiner Zeit. Lange, leicht geschwungene Längsstraßen bestimmten das Bild. Die verstellten Blickachsen betonen die beidseitige Bebauung, die wiederum nicht für den gesamten Straßenverlauf zu überschauen ist. Steile Rippenstraßen, die teilweise eine Höhendifferenz bis zu 16 Meter überwinden müssen, fallen zur Trave mit dem Stadthafen ab oder schwingen leicht zur gegenüberliegenden Wakenitz aus. Sie beginnen auf dem Hügelkamm als schmale Straßenschluchten, wie im Beispiel der Engelsgrube noch mit drei Schwibbögen entlang der Traufseite der Schiffergesellschaft überfangen, und werden in den jüngeren Quartieren zum Wasser hin trichterförmig breiter (Abb. 20).

Wenngleich die überwältigende Mehrheit der Bevölkerung nach wie vor in agrarisch strukturierten Abhängigkeitsverhältnissen lebte, war die Kultur dieser Zeit, und vor allem die Architektur, städtisch geprägt. Die großen Kirchenbauten der Stadt zählten wegen der begrenzten Produktivität der Ziegelbrennereien vor der Stadt und der Kapazitäten des Bauhandwerks zu den langfristigen Bauprojekten mit hohem Prestigewert. Die Befestigungsanlagen aus der Feudalzeit wurden vorerst weiter benutzt und erst im ausgehenden Mittelalter dem veränderten Stand der Kriegstechnik angepasst. Auf dem öffentlichen und dem privaten Bausektor bestand jedoch der größte Handlungsbedarf. Die kommunalen Verwaltungsbauten mit dem Rathaus und die Marktbauten, Plätze als innerstädtische Freiräume, Sozialeinrichtungen und vor allem die Wohnhäuser mussten dringend realisiert werden, um das Funktionieren einer urbanen Gesellschaft überhaupt zu gewährleisten. Auch in dieser Hinsicht war Lübeck bei der Ausbildung städtischer Institutionen wie auch ihrer architektonischen Realisierungen mit zweckorientierten Bautypen aufgrund des Status der Reichsfreiheit im Ostseeraum ein Vorbild, das von den übrigen Städten der Region übernommen und an die jeweiligen Verhältnisse angepasst wurde.

Kennzeichnend für die mittelalterliche Stadt ist der durch die Schutzfunktion der Stadtmauern bedingte Platzmangel. So stehen die Häuser überwiegend mit der Giebelseite, das heißt mit der Schmalseite, zur Straße. Aus den zunächst willkürlich angelegten, schlecht beleuchteten und stinkenden Straßen kommt es durch den neu entdeckten Willen zur Raumklarheit zu einer fortschreitenden Veränderung des Stadtbildes infolge einer bewussten baukünstlerischen Auseinandersetzung mit dem funktionalen Aufbau des Hauses.

Abb. 20: Blick in die Engelgrube mit Schwibbögen im oberen Bereich. Die steil abfallende Straße weitet sich im flachen unteren Bereich zum Stadthafen. Links vorne das Haus der Schiffergesellschaft

Vorherrschendes Baumaterial der Lübecker Gründungszeit war Holz und Lehm. Das Fachwerk war die tonangebende Konstruktion, da Holz in reichlichem Maße zur Verfügung stand und der Holzbau eine lange Tradition besaß. Außerdem war er die preiswertere Variante. Die Dächer waren oft mit Stroh oder Reet gedeckt. Erst später entwickelte sich wegen der hohen Brandgefahr bei eng nebeneinander stehenden Häusern das Ziegeldach. Da Glas erst im 16. Jahrhundert für den Wohnungsbau finanziell erschwinglich wurde, und auch nur für die großen Repräsentativbauten der reicheren Bürger, sind die meist kleinen Fensteröffnungen mit Läden aus Holz versehen. Auch geöltes Leinen und Papier dienen als Fensterschutz vor Witterungseinflüssen.

Abb. 21: Hundestr. 68
spätgotische Fassade: Blenden und Staffeln sind deutlich aufeinander bezogen.

Abb. 22: Dankwartsgrube 15
14. Jahrhundert, dreiteilige Fassade mit Fasensteinen; durch Umbauten der Fenster und der Erdgeschosszone stark verändert

Abb. 23: Depenau 33
gotische Fassade aus dem 14. Jahrhundert, drei Hochblenden und einfache Staffelungen des Giebels, Doppelluken mit Profilstab und gestufte Türlaibung im hohen Dielengescho

Das heute noch gut erhaltene Lübecker Straßenraster mit seiner Blockrandbebauung ist ein bedeutendes Denkmal der mittelalterlichen Wirtschaftsgeschichte, das grundlegend dazu beitrug, 1987 der Lübecker Altstadt als Stadtgesamtes das UNESCO-Prädikat „Welterbe der Menschheit" zu verleihen.

Die Grundstücksparzellen der großen Häuser waren durch „Glintmuren", das sind bis zu zwei Meter hohe massive Backsteinmauern, klar voneinander getrennt. Die bedrängende Enge der Straßenräume weitete sich in der Anfangszeit hinter den Vorderhäusern am Straßenrand in den Blockbinnenhöfen zum nicht bebauten Land, das erst später durch Gang- und Budenviertel städtebaulich zum heutigen Zustand verdichtet wurde.

Das Mittelalter bestimmt bis heute den Altstadtgrundriss: die Stellung und Abmessung der Altstadthäuser, die Straßen- und Platzräume und das Rot der Ziegel die Landschaft der steilen Satteldächer. Nach den verheerenden Stadtbränden von 1251 und 1276 in Lübeck wurde für das Stadtgebiet durch Ratsverordnungen (Willküren) eine Art allgemeine Bauverordnung erlassen. Diese Entscheidung war für den weiteren Ausbau der Stadt und damit für die Gestaltung des Stadtbildes entscheidend.[15] Die Verordnung bestimmte, dass für alle Neubauten „stenerne Muren" anstelle von Fachwerkwänden vorzusehen seien. Private und öffentliche Bauvorhaben wurden einer Regelung unterworfen, die auch die nachbarschaftlichen Beziehungen klärte. Nach diesem Zeitpunkt entwickelte sich eine verbindliche Bauflucht und damit die bis heute wirkende, gleichmäßige Reihung der Häuser entlang der Straßenzüge und der gemeinsamen Brandmauern mit den Nachbargebäuden. Sie legte den Grundstein für die Blockbildung mit ihren Innenhöfen und Durchgängen, und sie ordnete den Backstein als bindenden Baustoff für den Hausbau an. Die Stadt aus Stein wurde Wirklichkeit.

Das gotische Bürgerhaus

Soziale und wirtschaftliche Veränderungen hinterlassen im Stadtbild allmählich ihre Spuren. Änderungen, vor allen Dingen Verbesserungen an den Bürgerhäusern, fallen immer mit Zeiten wirtschaftlicher Blüte zusammen. Die Hansestadt erlebte ihre erste und bedeutendste wirtschaftliche Glanzzeit, als der gotische Baustil im Norden des Deutschen Reiches Fuß fasste und zum vorherrschenden Baustil wurde. Eine Zeit großartiger Machtentfaltung, die der Stadt Lübeck ihr Gesicht verlieh und sie zum urbanen Typus, sozusagen zur Beispielstadt für die Entwicklung der Stadtgründungen an der Ostsee im Bereich der Hanse machte. Trotz aller Zerstörungen und Veränderungen, Neu- und Umbauten hat sich dieses Bild bis zum heutigen Tag erhalten.

Der Handel und das Handwerk gewannen gegenüber dem Adel und dem Klerus an Bedeutung. In der Stadt sind es die Bürger, die das soziale Leben entscheidend mitbestimmen. Auch das Haus bekommt dadurch eine gesteigerte Geltung. Es bleibt zwar Arbeits- und Wohnstätte, doch durch die bürgerliche Organisation kommt es zu einem einheitlicheren Bild. Es entstehen typische Handwerker- oder Handelsviertel, in denen man an den Gebäuden ablesen kann, welche Zunft oder Gilde eine Gemeinschaft bildet. Als Beispiel seien hier die Lübecker Kaufmannshäuser angeführt, an denen man die Entwicklung vom Speicherhaus über das Wohnspeicherhaus bis hin zum reinen Wohnhaus nachvollziehen kann.[16]

Das hohe, der Warenproduktion und dem Warenhandel vorbehaltene Erdgeschoss (Abb. 21–23) bildete einen multifunktionalen Großraum in Form einer bis zu sieben Meter hohen Diele mit einer in die Brandmauern eingelassenen Balkendecke mit Unterzug und Stütze, dem sogenannten Hausbaum. Sie diente als Lager-, Verkaufs- und Wohnbereich (Küche und Esszimmer) und war mit einem Seilaufzug ausgestattet, der über ein Windenrad im Dach die Lasten zu den Lagerböden transportierte. Zugänglich war diese „Lübecker Diele" über ein hohes Portal mit einfach oder mehrfach gestuftem Gewände, teilweise mit Viertelstab (in der Spätgotik und Frührenaissance auch durch

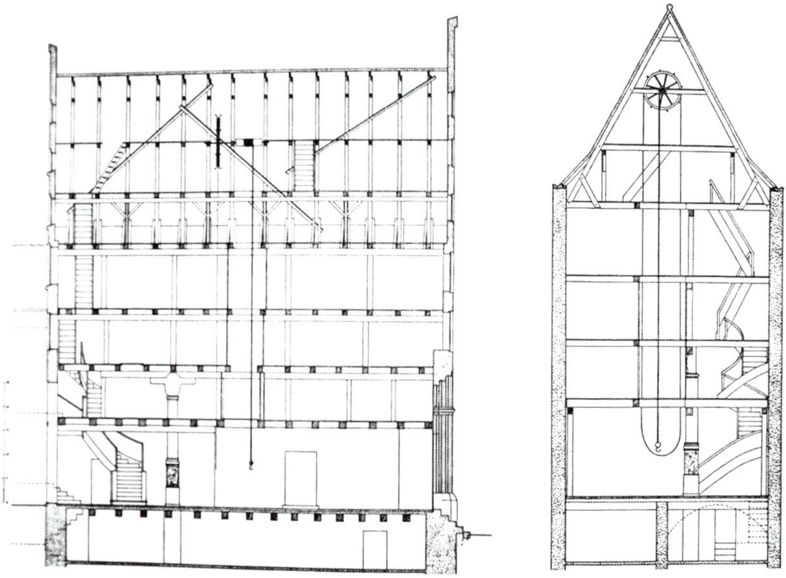

Tafel 3: Längs- und Querschnitt durch ein Bürger-Wohn-Speicher-Haus

eingestellte Taustab-Profilsteine verziert). Die Hofseite der Häuser auf den tiefen, rechteckigen Baugrundstücken wurde durch Fensteröffnungen der hohen Dielenbefensterung aufgeschnitten, um das Tageslicht in den Großraum einzulassen (Tafel 3).

Ein niedriges Zwischengeschoss im Bereich über der offenen Feuerstelle im vorderen Teil der Diele beherbergte die Hangelkammern der Dienstboten. Der unter der Diele liegende Gewölbe- oder Balkenkeller diente zur Aufnahme von Waren und war in den großen Kaufmannshäusern zum Teil mit einem Sod (Wasserrückhaltebecken) ausgestattet, der über die sogenannten „Piepen" (hölzerne Leitungsrohre) mit Wasser von den Wasserkünsten an der Wakenitz versorgt wurde. Alle darüberliegenden Etagen und Dachböden der bis zu 60 Grad steilen Satteldächer in Kehlbalkenkonstruktion dienten als Speicher, an der Fassade durch die kleinen Lukenöffnungen als Lichtquellen zu erkennen. Dieser Lagerbereich ist über die Windenanlage im Dach und den über die gesamte Haushöhe gehenden Seilzug über Lukenöffnungen in den Geschossböden untereinander und mit dem Hauptraum, der Diele, verbunden. Gut erhaltene Beispiele finden sich in der Mengstraße 40 und der Alfstraße 38.

Der besonders bei den Ratsfamilien der Stadt spürbare Wohlstand wird im Bedürfnis nach privatem Wohnraum als soziale Errungenschaft in den an das Vorderhaus anschließenden Seitenflügeln mit ihren Kemenaten sichtbar. Die stilistische Anlehnung an feudale Wohnsitze des Adels und klerikale Bauten ist offensichtlich. Kemenaten werden mit Kaminen (lat. = caminata) beheizt und wurden, losgelöst von ihrer ursprünglich turmartigen Bauweise bei Burgen und Adelshöfen, als Saalbauten hauptsächlich in den Seitenflügeln Bestandteil vornehmer Bürgerhäuser.

Seit der Verleihung des Reichsfreiheitsprivilegs 1226 vertrat der Stadtvogt die Rechte des Kaisers in Lübeck. Er residierte in einer Kurie am Koberg und nicht in der 1225 zerstörten und durch das Marien-Magdalenen-Kloster der Dominikaner ersetzten Burg. Dieses Vogtei-Gebäude aus dem frühen 13. Jahrhundert hat sich hinter einer klassizistischen Putzfassade erhalten. Nach Befund der bauarchäologischen Untersuchungen des Amtes für Denkmalpflege der Hansestadt Lübeck handelte es sich um einen Großbau mit einem repräsentativen, durch eine Kaminanlage beheizbaren Saalgeschoss. Der traufenständige Bau mit doppeltem Satteldach wurde aus zwei ehemals giebelständigen Häusern zusammengefasst, deren ursprüngliche Nutzung als geistliches Kuriengebäude zu interpretieren ist (Koberg Nr. 2, das sogenannte Hoogehus).

Allgemein lässt sich also festhalten, dass die Stadthäuser je nach ihrer Nutzung bestimmte grundrisstypische Ausprägungen erfahren. Allerdings sind aus dieser Zeit nur selten die Fassaden erhalten. Noch seltener ist die Binnenaufteilung der Häuser überliefert. Manchmal dokumentiert sich die Geschosshöhe der Dielen und Lagerböden. Die jüngeren Zeiten forderten ihren Tribut für ein mehr an Bequemlichkeit und durch das „Trendbewusstsein" bei Stilfragen des architektonischen „letzten Schicks". Die gemeinsamen Brandmauern der benachbarten Häuser blieben aber aus statischen Gründen meist erhalten. Gerade in und auf ihnen haben sich als Artefakte die Baunähte der Umbauten mit vermauerten spitzbogigen Nischen, Balkenlöchern und -auflagern erhalten. Wandmalereibefunde, häufig nur mit Resten einer ehemals großflächigen, vegetabilen Rankenfassung, selten mit kompletten szenischen Abfolgen aus der biblischen Heilsgeschichte, sind überliefert. Häufig kann man mit einem geschulten Auge an diesen Befunden die gesamte Hausgeschichte vom mittelalterlichen Ursprungsbau bis heute ablesen.[17] Sie stellen daher einen der vorzüglichsten „Datenträger" für die Denkmalpflege und die wissenschaftliche Hausforschung dar.

Die Lebensverhältnisse waren im allgemeinen einfach. Die kleineren Häuser des 14. Jahrhunderts besaßen Rauch-küchen mit offenem Feuer, bei denen der Rauch in der Regel ohne Kamin durch das offene Dachgebälk abzog. Winzige, unverglaste Fensterlöcher wurden im Winter mit Brettläden, einem ölgetränkten Leinentuch oder einer Schweinsblase verschlossen.

Auf das Giebeldreieck der großen Bürgerhäuser konzentrierte sich unter Einbeziehung der Geschosse über der Diele die architektonische Gestaltung. Für den Laien, der aufmerksam durch die Stadt flaniert, erscheinen die Bürgerhäuser mit ihren Staffelgiebeln, den sie bis tief in die Renaissancezeit hinein behielten, gotisch (Abb. 24–29). Doch keiner der wenigen im Stadtbild verstreuten Giebel, der tatsächlich noch aus der Gotik stammt, kann eine gültige Vorstellung davon geben, wie sich die gotische Stadt damals präsentierte. Heute sind es meist nur wenige Stellen, die noch einen originalen Backsteinverband zeigen.[18]

Die Betonung der Senkrechten, die spitzbogigen Blendnischen, kleine Zwillingsfenster mit eingestelltem, gemauertem Pfosten mit Profilsteinen sind aber noch gut sichtbare Zeitzeugen der ursprünglichen Gestalt. Im heutigen Stadtbild gibt es noch etwa 40 bis 50 Fassaden – zumeist nur die Giebel – der Gotik. Wie viele der Fassaden unter ihrem klassizistischen Putzkleid noch gotische Reste bergen, bleibt bis zur Sanierung oder Untersuchung im konkreten Baufall im Ungewissen. Beispiele von im Klassizismus vollständig überformten Gebäuden, deren Fassade bei der Sanierung einen gotischen Kern zeigten, gibt es aber nicht wenige (vgl. hierzu Schumacherstraße 11 und Fleischhauerstraße 87). Der gotische Ursprung Lübecks bleibt gegenwärtig. Das früheste Beispiel einer Bürgerhausfassade ist der rekonstruierte Rückgiebel der jetzigen Löwenapotheke an der Ecke Dr. Julius-Leber-Straße/Königstraße als Dreistaffelgie-

Abb. 24: Marlesgrube 53
um 1350; einfache Staffel, gefaste Formsteine; Doppelluken; hohes Dielengeschoss mit zurückgestuftem Portal vermutlich aus Renaissanceumbau, die Fensterformen stammen aus einem klassizistischen Umbau um 1800.

Abb. 25: Hüxstr. 66
um 1375; Giebelhaus mit Hochblenden, deren Laibungskanten abgefast sind. Die Doppelluken sind noch erkennbar. Die gestufte Portallaibung und die Fenster im Dielengeschoss aus einem Umbau der Renaissance, das Portal selbst frühklassizistisch

Abb. 26: Depenau 31
nach 1500 im Übergang von Spätgotik und Renaissance; Terrakottaschmuck aus der Werkstatt des Stat von Düren mit Porträtmedaillons, c unter von Karl V., und Bildplatten i Portalbereich. Giebelform des Übergangsstils in Lübeck, der die Staffel eine Treppenform abwandelt, auf d die Anzahl der Fenster Bezug nimm Die Fenstergewände sind mit umla fenden Taustäben hervorgehoben.

bel, ursprünglich vermutlich aber einen Stufengiebel präsentierend. Die Giebelfläche ist entsprechend der Kehlbalkenebenen des Daches dreigeschossig gegliedert. Die Geschosse sind durch ein einfaches „Deutsches Band" abgesetzt. Spätromanische/frühgotische Doppelarkaden unter einem Überfangbogen rhythmisieren die Flächenhaftigkeit der Backsteinwand, wobei jede zweite Doppelarkade durch das Einstellen eines Rundstabes in die gestufte Laibung besonders betont wird. Die Straßenfassade ist ähnlich aufgebaut, nur dass hier konsequent der gotische Spitzbogen Verwendung findet (Abb. 30, 31).

Da beim Lübecker Haus üblicherweise die Schmalseite zur Straße zeigt, bemüht sich die hochgotische Entwicklung der Hausgiebel um eine vertikale Zusammenfassung der Öffnungen in den Ober- und Dachgeschossen durch spitzbogige Blenden. Dieses Architekturmotiv ist als Schmuckmotiv bei der Gliederung der Türme in der Sakralbauarchitektur und der nördlichen Rathausfront in der Profanarchitektur bereits ausgebildet. Da die Giebelmauer fast immer über die Dachschräge hochgeführt wurde, bot sich in der so entstandenen Mauerfläche eine relativ freie Gestaltungsmöglichkeit. Zu Beginn der Entwicklung des typischen Lübecker Giebels der Gotik dürfte man mit einem geraden Abschluss oberhalb des Firstpunktes des Daches gearbeitet haben. Zumindest legen die drei gleich hohen Blendnischen an

b. 27: Wahmstr. 54-56
naissance-Speicher als Wohn-
d Geschäftshäuser umgebaut
d saniert, Nr. 54 wurde 1593
d Nr. 56 1603 erbaut.

Abb. 28: Wahmstr. 29-37 Speicher und Brauhäuser der Renaissance aus dem 16. Jahrhundert, zum Teil mit Terrakottaschmuck

Abb. 29: Dankwartsgrube 26 Spätgotische/Frührenaissance-Fassade des ersten Viertels des 16. Jahrhunderts mit hohem Dach; die Hochblenden sind durch flache Kreisbögen geschlossen und haben verputzte Kreisblenden, die ungeteilten Lukenfenster mit Segmentbögen; als traditionelles Motiv wird noch der Viertelstab eingesetzt. Die niedrige Erdgeschoss-Zone wurde im 19. Jahrhundert vollständig verändert.

dem Gebäude Braunstrasse 12 diesen Schluss nahe (Tafel 4). Später folgte anstelle des steilen Dreiecks eine einfache, dann mehrfache Stufung des Giebels je nach Fassadenbreite des dahinterliegenden Satteldaches. Es entstand die typisch lübeckische Treppenform des Giebels.

Abb. 30, 31: Die Fassade des Hauses Dr.-Julius-Leber-Straße 13 wurde in den 30er Jahren des 20. Jahrhunderts saniert. Links: Rückfassade: dreigeschossig mit Deutschem Band unterteilt mit spätromanischen/frühgotischen Doppelarkaden-Fenstern

Die Spitzbogenblenden gliedern die Fassade oberhalb des über ein Kaffgesims abgesetzten Erdgeschosses und bewirken eine starke Betonung der Senkrechten. Jede Blendnische wird nach oben von einer mit Pfannen abgedeckten Stufe bzw. Staffel abgeschlossen. Blende und Staffel sind architektonisch direkt aufeinander bezogen und bilden ein Modul, das durch die Breite des Gebäudes variiert. Die Blenden sind durch spitz- oder flachbogige Doppelluken mit gemauertem Pfeiler, die entsprechend der Lage der Speicherböden in den Blendnischen angeordnet sind, rhythmisiert. Die Luken vermehren sich nach unten geschossweise um je zwei Öffnungen (Abb. 21–23, 29).

Die Profilierung der Blendeneinfassungen erfolgte zuerst in Normalziegeln oder mit einem aus dem Normalziegel herausgeschnittenen Viertelkreisprofil, der sogenannten Lübecker „Viertelstabgotik". Seit Ende des 14. Jahrhunderts werden die Ziegelecken gefast, das heißt abgeschrägt. In besonders reicher bauplastischer Ausformung werden gegen Ende der Gotik auch Rundstabfolgen eingesetzt. In der letzten Phase – nach 1500, im Übergang zur Renaissance – fallen die zuletzt mit Segmentbogen überfangenen Blendbogen weg und werden durch eine ho-

Tafel 4: Rekonstruktion der ursprünglichen Giebelform des Hauses Braunstrasse 12: links: nach Stier mit Zinnenkranz; Mitte: heutiger Zustand; rechts: Rekonstruktion nach Hübler mit waagerechtem Attika-Abschluss

rizontale Gliederung mit Gesimsbändern oder eine Reihung von Terrakottafriesen mit Porträtmedaillons oder biblischen Szenen ersetzt. Diese Häuser wurden vor allen Dingen durch die Werkstatt des Statius von Düren bauplastisch aufgewertet (siehe die großen Speichergebäude in der Wahmstraße, Abb. 26, 27, 28).

Die Rückfassaden an den zum Hof gerichteten Schmalseiten der Giebelhäuser waren naturgemäß weitgehend der Öffentlichkeit entzogen. Eine Staffelung der Giebel unterblieb. Es wurde ein einfaches Dreieck als Lochfassade mit Lukenöffnungen entsprechend der Dachform ausgebildet. Eine reiche Gliederung mit Blendnischen wie in der Straßenfassade ist eher als Seltenheit anzusprechen.[19] Glücklicherweise beschränkte man sich bei späteren Umbau- und Modernisierungsmaßnahmen auf das unbedingt Nötigste, so dass die Rückfassaden fast immer eine bessere Auskunft über tatsächliches Baualter und Baugeschichte geben als die modisch-repräsentative Straßenfassade (Abb. 32,33).

Die Geschichte des Bürgerhauses in Lübeck zeigt die Entwicklung des Kaufmannslebens und des Wohnens in der alten Hansestadt. Aus dem einfachen Umschlagplatz für Waren, also dem Raum für den Beruf, entwickelte sich das typische Lübecker Haus aus Vorderhaus und eingezogenem Seitenflügel, das gleichermaßen dem Geschäft und dem Wohnen diente. Dieser Haustyp wurde mit seiner Giebelgestaltung in zahlreichen Städten der norddeutschen Backsteingotik als Vorbild rezipiert und in einer Reihe von ortsangepassten Variationen bis in die Neuzeit immer wieder verwendet.[20] Auch für den Bau von Rathäusern blieb Lübeck aufgrund seiner politischen Sonderstellung bestimmend.

Trotz der durch das Material bedingten Vorgaben bildete der Backstein in der Gotik nur ein konstituierendes Element der architektonischen Gestaltung. Selbst im Kerngebiet der Backsteingotik war der stilistische Ausdruck wesentlich vom westeuropäischen Architekturgeschehen der Hausteinarchitektur der Zeit abhängig. Es entstand kein eigener Stil, sondern eine eigene materielle Ausformung des allgemeinen Stilwollens innerhalb der geschichtlichen und gesellschaftlichen Dominanten.

Abb. 32: Mühlenstraße 51, überformte gotische Straßenfassade, die Doppelluken mit profiliertem Pfosten im Giebelfeld mit den drei Hochblenden gehören noch der ursprünglichen Bauphase an. Das Dielengeschoss blieb zwar erhalten, wurde aber wie das erste Obergeschoss klassizistisch überformt und durch den Ladeneinbau nochmals stark gestört.

Abb. 33: Die gotische Rückfassade des gleichen Hauses mit Lukenöffnungen und jüngerer Kranwinde sowie einer eher seltenen Blendengliederung

Pest, Tod und Teufel sind die allgegenwärtigen apokalyptischen Begleiter des mittelalterlichen Menschen. Dürer hält die Geißeln Gottes im Kupferstich „Ritter, Tod und Teufel" in seiner Endzeitvision von 1513 fest. Je unsicherer die Zeiten, desto größer ist der emotionale Drang zur Flucht in eine neue Sinngebung. Die Suche nach dem Sinn des Lebens äußert sich religiös in der Gründung der Bettelorden, allen voran die Dominikaner und Franziskaner. Die Kirchen und Klöster dieser Orden schießen wie Pilze aus dem durch Furcht gedüngten Boden. Spenden reicher Bürger, die ihr Seelenheil erkaufen wollen, lassen die Klosterbauten in kürzester Zeit zur Vollendung reifen. Christus ist der Erretter der Welt, der Salvator mundi und Heilsbringer. Er bringt Licht in das Dunkel des irdischen Jammertals und überwindet als Lux mundi (Licht der Welt) den allgegenwärtigen Tod. In den durchbrochenen, diaphanen Wänden der Gotik wird Gott als überirdisches Licht gegenwärtig. Die Scholastik leitet in ihren „Summen" den Gottesbegriff rationalistisch ab.[21] Die Mystik mit ihrer metaphysischen Gottesvereinigung sucht nach irdischer Transzendenz.[22] In der Architektur baut man ein Abbild des Himmels, die gotische Kathedrale. Die dort gefundene Formensprache wird in den Bauten der Bürger profaniert.

Mein Dank gilt allen im Literaturverzeichnis aufgeführten Autoren, die durch ihre wissenschaftliche Arbeit das Problem der gotischen Architektur um Facetten des Verstehens bereichert und verständlicher gemacht haben. Ohne ihre Forschungsarbeit wäre dieser kurze, rückschauende Überblick über das Problemfeld der gotischen Architektur in Lübeck überhaupt nicht möglich gewesen. Ihre Ideen und Erklärungsansätze sind in den Text eingeflossen.

Ein elementarer Hinweis in der Sache: Diese kleine Einführung verzichtet bewusst auf die Diskussion neuester oder nur dem Fachwissenschaftler bekannter Forschungsansätze und Hypothesen zur Lübecker Bauforschung zugunsten einer verkürzten und beispielhaften Darstellung von anerkannten Forschungsergebnissen für den nicht mit der Materie vertrauten Leser. Spezialisten und engagierte Lübeckforscher mögen dem Autor nachsehen, dass ihr Spezialgebiet dabei zu kurz kommt oder sie ganze Forschungsbereiche vermissen müssen.

Anmerkungen:

1 siehe Piltz/Beyer 1995, S. 9 ff.
2 siehe Binding 2000, S. 53 ff. ; derselbe 1993
3 Basisliteratur zur gotischen Architektur: Aubert 1963; Simson 1972; Rüdiger 1979; Sedlmayr 1976, Gozzoli 1991; Worringer 1930
4 siehe hierzu: Jantzen 1997, S. 36 ff.
5 siehe Sedlmayr 1976, S. 47 ff.
6 siehe hierzu auch: Binding 2000, S. 51 ff.
7 Dehio 1984, S. 6; siehe zur Backsteingotik W. Müller 1990, Schäfke 1995
8 Pevsner 1992, S. 72, S. 264 und Glossar im vorliegenden Band
9 siehe Schäfke 1995, S. 21; Böker 1988, S. 93 ff.
10 siehe Hasse und mit gegensätzlichen Standpunkt zur Entstehung des Chores Böker 1988, S. 93 f.
11 zur Problematik bischöflicher Architekturformen in einer Bürgerkirche siehe Kunst 1986
12 siehe Böker 1988, S. 94
13 zur Herleitung der Bauformen der Marienkirche aus der Kölner Dombauhütte siehe auch: Böker 1988, S. 141
14 Finke u.a. 1989, S. 7; Pevsner u. a. 1971
15 Die Bauverordnung ist nur noch indirekt durch die Stralsunder Verordnung um 1300 erfahrbar, die sich auf die bereits bestehende in Lübeck bezieht.
16 zum allgemeinen Aufbau des Lübecker Hauses und seinem stilgeschichtlichem Wandel siehe auch: Hübler 1968 und Finke u. a. 1989
17 siehe Finke u. a. 1989, S. 18
18 siehe ebenda, S. 18
19 siehe ebenda, S. 23
20 siehe Hübler 1968, S. 94
21 siehe Thomas von Aquin (1224–1274) und seine Summa theologica
22 siehe Nikolaus von Kues, (gen. Cusanus, 1401–1464) und seine Schriften zur Coincidentia Oppositorum

Literatur:

Aubert, Marcel: Hochgotik. Kunst der Welt. Ihre geschichtlichen, soziologischen und religiösen Grundlagen, Baden-Baden 1963
Binding, Günther: Was ist Gotik? Eine Analyse der gotischen Kirchen in Frankreich, England und Deutschland 1140–1350, Darmstadt 2000
Binding, Günther: Baubetrieb im Mittelalter, Darmstadt 1993
Böker, Hans Josef: Die mittelalterliche Backsteinarchitektur Norddeutschlands, Darmstadt 1988
Dehio, Georg: Handbuch der deutschen Kunstdenkmale. Die Bezirke Neubrandenburg, Rostock, Schwerin, Berlin (Ost) 1984
Finke, Manfred/Robert Knüppel/Klasu May/Ulrich Büning: Historische Häuser in Lübeck, Lübeck 1989
Gozzoli, Maria Christina: Wie erkenne ich gotische Kunst?, Bindlach 1991
Grodecki, Louis: Architektur der Gotik. Weltgeschichte der Architektur, Stuttgart 1986
Hasse, Max: Die Marienkirche zu Lübeck, München/Berlin 1983
Hübler, Hans: Das Bürgerhaus in Lübeck, Tübingen 1968
Jantzen, Hans: Die Gotik des Abendlandes. Idee und Wandel, Köln 1997
Kunst, Hans-Joachim: Die Marienkirche in Lübeck. Die Präsenz bischöflicher Architekturformen in der Bürgerkirche, Worms 1986
Müller, Werner: Grundlagen gotischer Bautechnik, München 1990
Pevsner, Sir Nikolaus/John Flemming/Hugh Honour: Lexikon der Weltarchitektur, 3. Auflage München 1992
Pfefferkorn, Rudolf: Norddeutsche Backsteingotik, Hamburg 1984
Piltz, Georg/Constantin Beyer: Backsteingotik zwischen Lübeck und Wolgast, Würzburg 1995
Rüdiger, Wilhelm: Die gotische Kathedrale, Köln 1979
Schäfke, Werner: Mittelalterliche Backsteinarchitektur von Lübeck bis zur Marienburg, Köln 1995
Sedlmayr, Hans: Die Entstehung der Kathedrale, Nachdruck Graz 1976
von Simson, Otto: Die gotische Kathedrale. Beiträge zu ihrer Entstehung und Bedeutung, Darmstadt 1972
Worringer, Wilhelm: Formprobleme der Gotik, 21. Auflage München 1930

Thorsten Rodiek

Das Holstentor – Wehrbau, Symbol und Wa(h)r(en)zeichen

Holstentor

Das Holstentor gehört zu den bekanntesten Bauwerken Deutschlands. Es führt nach Holstein, dem ursprünglichen Siedlungsgebiet der Holsten, die in der ersten Hälfte des 12. Jahrhunderts unter Graf Adolf II. von Schauenburg das slawische Wagrien kolonisierten und den Ort Lübeck neu gründeten.

Neben dem Brandenburger Tor, dem Kölner Dom, Schloss Neuschwanstein und der Münchener Liebfrauenkirche gibt es wohl kaum ein anderes Bauwerk in Deutschland, das sich weltweit einer derartigen Popularität erfreut wie das Lübecker Holstentor, das in den Jahren 1464–1478 von Stadtbaumeister Hinrich Helmstede errichtet wurde. Zu dieser Beliebtheit führten nicht zuletzt die zahlreichen Reproduktionen auf Werbeträgern, die vielen Produkte der Andenkenindustrie, die ungezählten Postkarten und Poster, das Erscheinen auf Briefmarken und Medaillen sowie die Wiedergaben in Form von Bastelbögen und

Abb. 1: Von 1961–1990 war dieser Schein gewissermaßen in jedermanns Hand. Die seit jeher schiefen Türme wurden allerdings auf der Darstellung begradigt. Offenbar wollte man es beim Geld nicht mit „krummen" Dingen zu tun haben.

Marzipanfiguren. Vor allem seine Abbildung auf dem alten, von 1961 bis 1990 gültigen 50-Mark-Schein trug dazu bei, dass jedermann das Holstentor gewissermaßen ‚in der Hand' hatte (Abb. 1). Hinzu kommt die häufige Verwendung des Holstentors als Warenzeichen, wie etwa das bis heute unverändert gebliebene Logo der Marzipanfirma Niederegger. Der Lübecker Künstler und Typograph Alfred Mahlau hat es 1928 entworfen.

Die Popularisierung des Holstentors war aber nicht erst ein Phänomen des 20. Jahrhunderts, sondern begann bereits um 1850, als ein Lübecker Konditor das Tor mit seinem zu jener Zeit bereits abgerissenen Vortor in einer Modelliermasse nachbildete. 1925 erhob der Deutsche Städtetag das Holstentor zum Verbandssymbol, dessen immer noch gültige Vignette der Berliner Edmund Schäfer entwarf. Bis heute tritt uns das Motiv des Holstentors immer wieder in unterschiedlichsten Zusammenhängen, Materialien und Größen entgegen.

Erst 1939, nach dem Verlust der Eigenstaatlichkeit Lübecks im Jahre 1937, wurde das Holstentor zu einem die gesamte Stadt repräsentierenden Wahrzeichen, das das eigentliche

Stadtwappen der Hansestadt Lübeck praktisch in den Hintergrund drängte. Das Holstentor ist im Laufe der letzten 150 Jahre zum Inbegriff der Vorstellungen von Hanse, Hansestadt, Handel, Macht und Reichtum geworden. Symbolische Bedeutung besaß das Gebäude aber nicht erst seit der Mitte des 19. Jahrhunderts, sondern es sollte offenbar schon zur Zeit seiner Errichtung Ende des 15. Jahrhunderts weit mehr als eine rein militärtechnische Schutzfunktion erfüllen. Schon damals war es als eine Art Repräsentationsbau und Denkmal zugleich geplant.[1]

Heute steht das Gebäude gänzlich isoliert innerhalb einer großen Grünanlage, beidseitig von starkem Verkehr umflossen. Die zahlreichen Reproduktionen zeigen uns das Tor als Solitär, das heißt, als einzeln stehendes Bauwerk. Das war nicht immer so, vielmehr war es eingebunden in ein Befestigungssystem. Um das Gebäude und seine ursprünglichen Funktionen besser verstehen zu können, ist es zunächst notwendig, sich den heutigen Zustand zu vergegenwärtigen.

Das Bauwerk

Zwei mächtige Rundtürme mit schiefergedeckten Kegeldächern bilden eine Doppelturmanlage, deren Mitte aus einem Zwischentrakt besteht, in dem sich das rundbogige Durchgangstor befindet, durch den einst einer der Zugänge zur Stadt führte. Das Holstentor besitzt zwei verschiedene Ansichten: die nach außen gerichtete Feld- oder Wehrseite und die nach innen gerichtete Stadtseite. Beide Seiten hatten unterschiedliche Aufgaben zu erfüllen.

Abb. 2: Zwei Terrakottafriese als Gurtbänder und ein Hauptgesims im Übergang zum Dach schließen die Türme und den Mitteltrakt rund um das Gebäude optisch zusammen.

Zwei das Bauwerk umlaufende Terrakottafriese als Gurtbänder binden die gesamte Anlage optisch zusammen und gliedern die Feldseite in nur drei Geschosse, obwohl sich davon im Innern vier befinden. Beide Friese werden von einem schrägen, sogenannten Wasserschlag aus Gotländer Kalkstein abgedeckt (Abb. 2). Ein gemeinsames Hauptgesims schließt die Anlage nach oben hin ab. Um sie deutlicher von ihrer Umgebung abzuheben, sind die Terrakottafriese nicht, wie sonst im 15. Jahrhundert in Lübeck üblich, glasiert[2]. Drei verschiedene Ornamente wechseln sich ab: radial angeordnete heraldische Lilien mit einer Rosette in der Mitte, ein symmetrisches Gitter aus Maßwerkstäben und ein ornamentales Plattenmuster mit je vier Distelblättern und einem mittleren Knauf. Sie werden von einer vierkantigen Rosette zusammengefasst. Der lübische Doppel-

Abb. 3: Ausschnitt aus dem Fries: der lübische Doppeladler umrahmt von „Wilden Männern"

adler oder ein Schild mit stilisiertem Baum, gerahmt von ‚Wilden Männern', unterbricht diesen Fries (Abb. 3). Auf der Feld- und auf der Stadtseite prangt jeweils ein Adler in der Mitte des Baus. Der mit bloßem Auge nicht erkennbare Fries unterhalb des Daches trägt an den Türmen geschwungene Weinranken und am Mittelbau Löwen zwischen Blattranken. Die heutigen Terrakottaplatten stammen großteils von den Restaurierungsarbeiten des 19. Jahrhunderts. Dabei wurden auch der Giebel und die Kegeldächer mit ihren Gauben stark rekonstruiert.

Die Feldseite

Nach außen hin gibt sich das Holstentor trutzig und wehrhaft. Seinen monumentalen Eindruck bewirken vor allem die beiden gewaltigen, gegenüber dem Mittelbau um 3,50 Meter vorspringenden Türme[3]. Ihre Mauern besitzen kaum Öffnungen; was von weitem wie Fenster aussehen mag, sind Blendarkaden. Lediglich zwölf kleine quadratische Schießscharten über dem Granitsockel und direkt über dem oberen Fries sowie im zweiten Geschoss vier Schlüssellochscharten mit quadratischer Öffnung und dem Sehschlitz dienten der Verteidigung (Abb. 4).

Den Zwischentrakt krönt ein mächtiger, erst 1864–1871 in dieser Form errichteter Stufengiebel. Wechselschichten von roten und schwarz glasierten Ziegeln bilden die äußere Haut.[2] Über dem Durchfahrtsbogen kündet die vergoldete Inschrift CONCORDIA DOMI FORIS PAX (Drinnen Eintracht, draußen Frieden) von der Aufgabe des Tors. Die Inschrift ist in leicht veränderter Form erst 1843 vom ehemaligen Vortor hierher übertragen worden. Direkt über dem unteren Terrakottafries des Mitteltraktes liegen sechs kleine Fensteröffnungen, über denen sich sechs hohe Blendarkaden erheben.

Das obere Geschoss folgt dem gleichen Ordnungsschema. Allerdings ist die Fassade hier reicher gestaltet. Die sechs kleinen unteren Fenster mit ihren Schießscharten sitzen tiefer, direkt über einer Sockelbank. Die darüber liegenden Blendfenster sind stärker profiliert und besitzen ebenfalls Schießscharten.

Die Türme weisen auf dieser Ebene vier gotische Blendfenster auf. Eine militärtechnisch begründete Mauerverstärkung bindet die Türme und den Mittelbau optisch zusammen. In ihr verbergen sich Doppelschießscharten: direkt in der Verstärkung eine Öffnung für den Nahschuss, unmittelbar darüber eine für den Fernschuss. Die Anordnung der Schießscharten in dieser Ebene verweist darauf, dass sich hinter den Mauern eigentlich zwei Geschosse verbergen. Noch heute existieren die Eisenhaken für die Befestigung von Sandsäcken zum Schutz des Bauwerks und der Verteidiger.

Abb. 4: Mit seinen beiden runden Türmen präsentiert sich das gotische Bauwerk dem Fremden selbstbewusst, wehrhaft und mächtig. Schon immer war es ein repräsentatives Wahrzeichen der Hansestadt Lübeck.

Die Stadtseite

Weitaus filigraner und im Vergleich zur Wehrseite freundlicher präsentiert sich die der Stadt zugewandte Seite (Abb. 5). Dem aufstrebenden gotischen Wehrbau steht eine horizontal gelagerte, repräsentative Stadtansicht gegenüber, die beide Türme und den Mittelbau zu einer einheitlichen Fassade bündig zusammenschließt. Überaus reiche Blendfolgen machen auch das vierte Geschoss sichtbar. Die beiden feldseitigen Terrakottabänder und die Wasserschläge setzen sich auf der Stadtseite fort. An der Seite des Südturms sieht man den Kunstgriff Hinrich Helmstedes, mit dem er die optisch nicht einfache Überleitung von der Feld- zur Stadtseite bewerkstelligte: der Mauervorsprung der Feldseite führt hier um ein halbes Geschoss senkrecht nach oben, um von dort an das zweite und dritte Obergeschoss auf der Stadtseite voneinander zu trennen (Abb. 6).

Abb. 5: Die der Stadt zugewandte Seite ist mit Bändern von Spitzbogenfenstern reicher und filigraner ausgestattet als die Feldseite. Mittelbau und Türme sind zu einer einheitlichen Fassade verbunden.

Abb. 6: *Am Übergang von der Feldseite zur Stadtseite des Südturms führt ein Mauervorsprung senkrecht nach oben. Nur so konnte der Baumeister die dreigeschossige Feldseite mit der viergeschossigen Stadtseite verbinden.*

Das Sockelgeschoss gestaltete der Baumeister völlig schmucklos. Nur zwei Türen gewähren den Zugang zu den Türmen und den beiden Wendeltreppen im Innern.

Seit den Restaurierungsarbeiten 1871 steht über der Tordurchfahrt die Widmungsinschrift 1477 S.P.Q.L. 1871. Dazwischen sind Wappen mit dem weiß-roten Reichsadler und dem Doppeladler der Hansestadt Lübeck angebracht. Sie verbinden die Fertigstellung des Tores mit der Reichsgründung im gleichen Jahr und werten das Bauwerk zu einem deutschen Denkmal auf. Die lateinische Inschrift selbst stammt, wie die auf der Feldseite, vom ehemaligen Vortor, beide wurden dort aber erst 1710 angebracht. Die Inschrift greift das römische Kürzel S.P.Q.R. auf: SENATUS POPULUSQUE ROMANUS (Der Senat und das römische Volk). Hier heißt es entsprechend: SENATUS POPULUSQUE LUBICENSIS (Der Senat und das Lübecker Volk). Historisch ist dies allerdings nicht korrekt, da man in Lübeck ausschließlich von den ‚Bürgern' zu sprechen pflegte. Das Ganze ist ein wenig vollmundig geraten.

In der Bogenöffnung selbst ist ein Fallgatter erkennbar, eine Zutat der Restaurierung von 1933/34. Ursprünglich befand sich an dieser Stelle ein sogenanntes ‚Orgelwerk', bei dem die Stäbe einzeln zu bedienen waren. Die Durchfahrt war auf der Feldseite durch zwei Torflügel verschließbar. Das Sterngewölbe wurde 1870 nach dem ursprünglichen Vorbild ersetzt. Eine Öffnung in der Mitte diente dazu, schwere Lasten in die Höhe zu ziehen.

Im ersten Geschoss bestimmen die in voller Höhe ausgeführten Fenster und Blenden den Gesamteindruck. Ein Kämpfer an den mittleren, schmaleren sechs Fenstern greift die Horizontale auf und akzentuiert zugleich den Mittelbau. Die Mittenbetonung setzt sich in den beiden anderen Geschossen bis in den Giebel mit seinen drei Türmchen fort. Auch das niedrigere zweite und dritte Geschoss zeigen eine dichte Folge von Bogen mit Fenstern und Blenden.

Der im 19. Jahrhundert rekonstruierte Giebel entspricht wohl weitgehend dem ursprünglichen Zustand. Schon im 15. Jahrhundert wachte im Mitteltürmchen eine Madonna mit Kind als Schutzpatronin über die Stadt. Die immerhin 1,15 Meter hohe Figur, eine werkgetreue Nachbildung des Bildhauers Paul H.

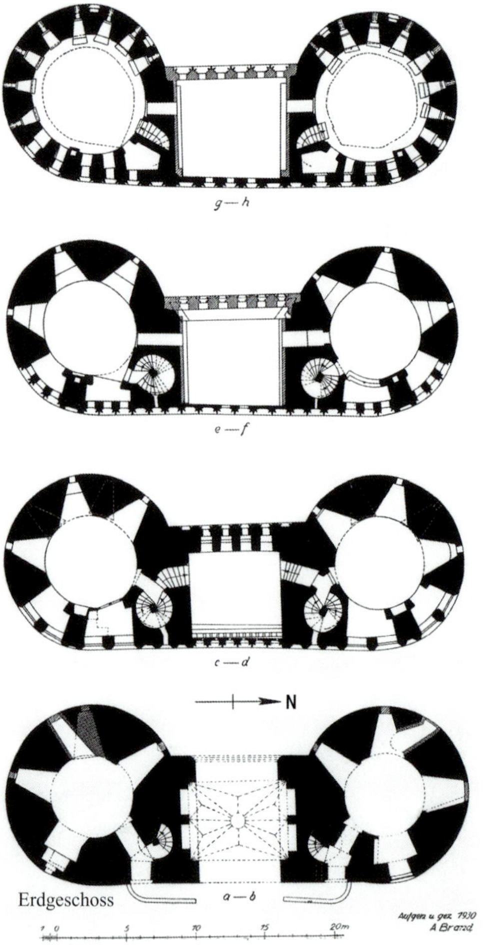

Gnekow aus dem Jahre 1992, ist der einzige vollplastische Bauschmuck des Holstentors. Sie war nicht nur Schutzpatronin Lübecks, sondern zugleich auch ein Sinnbild der Stadt allgemein.

Nicht von ungefähr begegnen wir den Türmchen auch am Lübecker Rathaus und am Heiligen-Geist-Hospital. Sie verdeutlichen, dass das Holstentor im Auftrag des Rates entstand. Ein zweites Sinnbild der Stadt ist die doppeltürmige Anlage des Baus: Im mittelalterlichen Denken steht das Doppeltor stets auch für die Stadt Rom als geistiges und politisches Zentrum. Infolgedessen wurde das doppelte Tor schließlich zum Symbol für ‚Stadt'. Das heißt für das Holstentor, dass es nicht nur als Verteidigungsbau konzipiert war, sondern zugleich auch die Stadt als Machtfaktor symbolisieren sollte. Mit der Madonnenfigur, Verkörperung der Stadt, wird die Symbolik gedoppelt. Die historischen Vorbilder des Holstentors (S. 80–83) zeigen, dass eine solche Deutung mehr als berechtigt ist.

Abb. 7: Der Grundriss verdeutlicht die Raumaufteilung der Türme und des Mittelbaus sowie die unterschiedliche Gliederung der Fassaden. Gut zu erkennen sind auch die verschiedenen Mauerstärken von Feld- und Stadtseite.

Die Innenräume

1933/34 wurde das Innere durchgreifend saniert und dabei der ursprüngliche Zustand weitgehend wiederhergestellt. Anhand der Schießschartenöffnungen und Fenster werden die unterschiedlichen Mauerstärken des Holstentors leicht erkennbar (Abb. 7). Drei Raumgruppen sind hier zu unterscheiden:

1. die vier Geschosse des Nordturms mit der Wendeltreppe
2. die drei Geschosse des Mittelbaus
3. die ehemals viergeschossige, seit der Restaurierung von 1933/34 dreigeschossige Anlage des Südturms (Abb. 8, 9).

In den Erdgeschossen der Türme haben die Mauern eine Stärke von 3,20–3,50 Metern. Hier befinden sich je drei Geschützkammern, wobei die mittlere des Südturms etwas verschoben ist, da hier durch die spätere Errichtung des Vortores ein Zwinger angebaut wurde, der eine neue Öffnung notwendig machte.[4] Die alte Geschützkammer wurde zugemauert. Im Nordturm wurde nur die entsprechende Scharte geschlossen (Abb. 7). Die Fußbodenhöhe lag ursprünglich etwa einen Meter tiefer. Der Fußboden ist hier und in den anderen Räumen nicht mehr original, sondern stammt von der Restaurierung von 1933/34.

Abb. 8: In der Geschützkammer im ersten Geschoss des Nordturms existieren noch die Ringe, an denen die Geschütze mittels Ketten befestigt waren, um sie beim Rückstoß am Platz zu halten. Hier standen vermutlich die „Passener", größere Geschütze. In den darüber liegenden kleineren Kammern mit Schlüssellochscharten standen die „Potthunde", kurzrohrige Mörser.

Mittels Wendeltreppen, die sich auf der Stadtseite zwischen den von Türmen und Mittelbau gebildeten Zwickeln befinden, erreicht man die oberen Geschosse. Ursprünglich wurden die Decken von schweren Balken getragen, auf denen sich eine Sandschicht und darüber ein Plattenbelag befanden.

Im ersten Geschoss entsprechen sich die Öffnungen von Nord- und Südturm. Auf der Feldseite liegen je drei Geschützkammern, auf der Stadtseite jeweils zwei hohe Nischen. Die Kammern wurden mit Holzläden geschlossen, deren Angeln teilweise noch erhalten sind. Hier befinden sich auch noch die Eisenringe, die dazu dienten, die mittels einer Kette daran befestigten Geschütze beim Rückstoß zu halten (Abb. 8). In diesem Geschoss gibt es über und zwischen den großen Geschützkammern noch jeweils zwei kleinere Kammern mit Schlüssellochscharten, die für kleinere Geschütze vorgesehen waren.

Während die Mauerstärke auf der Feldseite etwa drei Meter beträgt, weist sie auf der Stadtseite lediglich eine Dicke von etwa einem Meter auf. Diesem Unterschied liegen militärstrategische Überlegungen zugrunde. Sofern der Feind das Holstentor erobert hätte, wäre es den Lübeckern möglich gewesen, das Tor vom inneren, jenseits der Trave gelegenen Stadttor aus zu zerstören.

Die Bedeutung der Räume dieses Geschosses wird durch die Existenz von zwei Kaminen unterstrichen, deren Schlote außen auf der Stadtseite sichtbar werden. Im Mittelbau zeigen die in tiefen Nischen eingelassenen Fenster deren ursprüngliche Zweckbestimmung, nämlich den Feind direkt unter Beschuss nehmen zu können. Auch im etwas niedrigeren zweiten Geschoss gibt es ähnliche Funktionsbestimmungen. Dabei sind die Mauern hier dünner als im darunterliegenden Geschoss, so dass sich der Raumdurchmesser vergrößert. Zur Feldseite treffen wir auf je drei Geschütznischen, die in zwei Absätzen aufsteigen. Hier erkennt man auch noch die seitlichen Auflager für die Riegelbalken, die zur Aufnahme der Geschützrohre dienten.

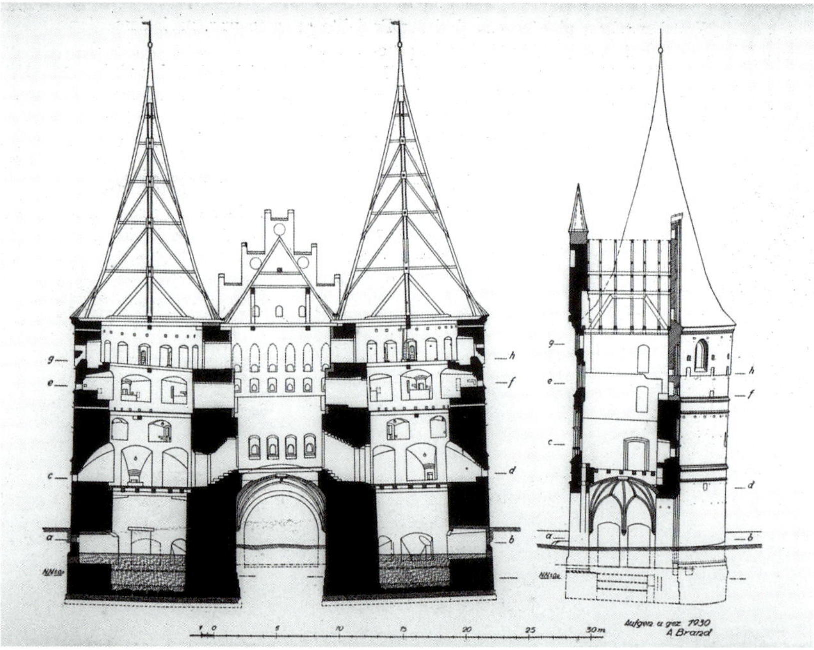

Abb. 9: Querschnitt mit Blick zur Feldseite: Deutlich wird die starke Neigung des Südturms, der schon beim Bau entsprechende Korrekturen erforderlich machte. Die unterschiedlichen Scharten für jeweils andere Waffengattungen verdeutlichen eindrucksvoll die wehrtechnischen Überlegungen der damaligen Zeit.

Um einen größeren Raum zu erhalten, entfernte man 1933/34 im Nordturm die Decke zwischen dem zweiten und dritten Geschoss. Im Südturm blieb die Geschossabfolge hingegen erhalten. Der die Türme verbindende Mittelraum besaß früher auf der Feldseite unmittelbar über der Durchfahrt zwei schräge, kurze Gänge in den Zwickeln von Türmen und Mitteltrakt mit entsprechenden Schießscharten, die dazu dienten, die toten Winkel auszugleichen. Auch diese Scharten wurden bei den Restaurierungsarbeiten der dreißiger Jahre entfernt.

Das oberste Geschoss weist die dünnsten Wandstärken auf (Abb. 9). Die Nischen sind etwa 1,40 Meter tief und waren für Schützen mit Handfeuerwaffen vorgesehen, wie der tiefer liegende Boden zeigt. Hier gibt es jeweils direkt übereinander zwei Schartenlöcher für den Nah- bzw. Fernschuss. In den heute nicht mehr sichtbaren Dachbereichen der Türme standen früher die Winden, mittels derer die Waffen und die Munition in die einzelnen Stockwerke befördert werden konnten. Die dazu notwendigen Bodenluken sind noch in allen Geschossen vorhanden.

Von der originalen Bewaffnung (Abb. 10) existiert heute kaum noch etwas. Allerdings lässt sich mit Sicherheit festhalten, dass Geschütze, Hakenbüchsen und andere Schußwaffen Verwendung fanden. 1934 fand man drei Zündkammern, das heißt drei längliche Geschützverschlüsse, unmittelbar vor dem Tor.[5] Es gibt ein Inventar von 1526, welches die Bewaffnung detailliert aufführt.[6]

Die großen Geschütze wie *Schlangen* und *Passener* waren im untersten Geschoss positioniert. Eine Kammer war wahrscheinlich mit einer der vier Steinbüchsen des Inventars bestückt. Als kleinere Geschütze waren die *Serpentiner* im mittleren Geschoss mit seinen 16 Nischen aufgestellt. Für die 15 Nischen der Obergeschosse und die Öffnungen des Mittelbaus sowie die Öffnun-

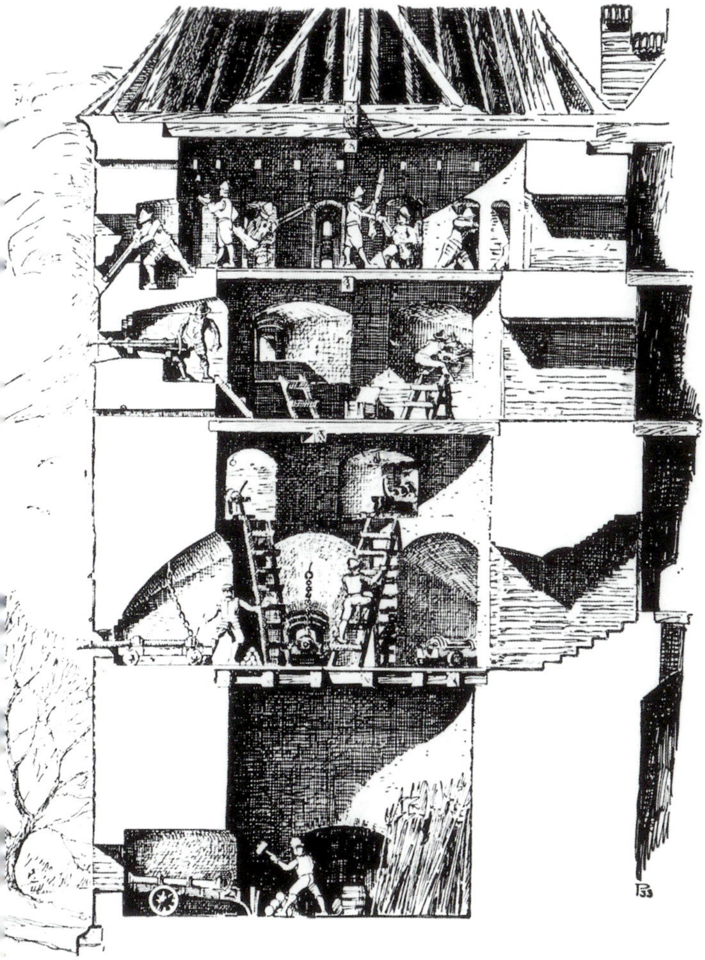

Abb. 10: Der Querschnitt des Südturms veranschaulicht die Aufstellung und Nutzung der unterschiedlichen Waffen in den einzelnen Geschossen. Manche Scharten konnten nur mit Hilfe von Leitern erreicht werden. Die Munition wurde mittels einer Winde auf dem Dach und durch die Bodenklappen der Geschosse nach oben befördert. Zeichnung von Baudirektor Pieper, 1934

gen der Zwickel dürften die kurzrohrigen *Potthunde,* beziehungsweise die Hakenbüchsen Verwendung gefunden haben. Der Liste zufolge dürften mit dieser Bewaffnung alle Scharten besetzt gewesen sein. Die Winkel der einzelnen Geschütznischen waren bei der Erbauung des Holstentors derart berechnet worden, dass ein potentieller Feind hervorragend hätte unter Beschuss genommen werden können.

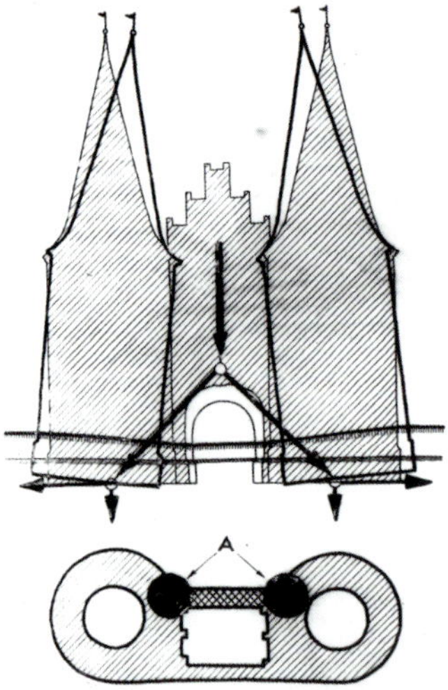

Abb. 11: Da es zwischen den beiden Türmen im Fundamentbereich keine statische Verbindung gab, drückte das Gewicht des Mittelbaus derart auf die Innenseiten der Türme, dass sie sich nach innen neigten. In der schematischen Darstellung der Statik ist die Belastungszone mit „A" eingezeichnet.

Die Baugeschichte

Jedem Besucher des heutigen Holstentors fällt die starke Neigung und das Einsinken seines Südturms auf. Die Ursache hierfür liegt in den Fundamentierungsarbeiten im 15. Jahrhundert. Der Baugrund war um etwa sieben Meter aufgeschüttet worden. Darunter befand sich morastiger Grund. Man vermutet heute, dass zur Gründung dichte Pfahlsetzungen durchgeführt wurden, über die bei 3,40–3,50 Metern Tiefe schließlich zwei Balkenlagen als sogenannter Schwellrost aufgelegt wurden. Der eklatante Fehler hierbei war, dass diese Konstruktion nur in den Bereichen der Türme, nicht aber unter der Durchfahrt realisiert wurde. Aufgrund des ungleichmäßigen Absackens der Turmfundamente und wegen des kolossalen Drucks des Mittelbaus neigen sich die Türme zueinander (Abb. 11). Bei den Restaurierungsarbeiten von 1933/34 wurden statische Maßnahmen zur Stabilisierung der Türme durchgeführt. Noch heute hängt in einer Nische des Nordturmgeschosses ein Lot, um die Baustabilität kontinuierlich zu überwachen. Untersuchungen haben ergeben, dass sich der Südturm bereits während der Bauarbeiten im 15. Jahrhundert zu neigen begann, da man die einsetzende Neigung bereits in den oberen Geschossen auszugleichen bemüht war.

Der heutige Eindruck des Holstentors ist in vielem ein Ergebnis der im 19. und 20. Jahrhundert vorgenommenen Restaurierungen. 1863, als man mit diesen Maßnahmen begann, bot das Tor einen ruinösen Anblick. Zehn Jahre lang – von 1853 bis 1863 – hatte man daher in der Lübecker Bürgerschaft darüber diskutiert, dieses einmalige Bauwerk vollkommen abzureißen. Schließlich beschloss die Bürgerschaft am 15. Juni 1863 mit 42:41 Stimmen, also mit der hauchdünnen Mehrheit von einer Stimme, das Tor zu erhalten. Noch im selben Jahr begannen die Restaurierungsarbeiten.

Wie das Tor ursprünglich ausgesehen hat, zeigt eine Darstellung von etwa 1520 auf dem Magdalenenaltar des Burgklosters von Erhart Altdorfer, der sich heute im St. Annen-Museum befindet (Abb. 12). Demzufolge darf man annehmen, dass der heutige Durchfahrtsgiebel falsch restauriert wurde, denn auf dem Gemälde entspricht er weitgehend dem Aufbau des Giebels der Stadtseite. Goldene Kugeln zierten die Türmchen und die Turmhelme. Zudem trugen die Dächer heute nicht mehr vorhandene Dachgaupen.

Das Holstentor war nicht der erste Torbau an dieser Stelle. Schon im 13. Jahrhundert existierte hier eine wahrscheinlich

Abb. 12: Die Abbildung der Feldseite des Holstentors auf einem Altarbild mag das ursprüngliche Aussehen des Holstentors wiedergeben: Der Giebel des Mittelbaus war reicher und differenzierter ausgestattet als heute. Türme und Erker trugen vergoldete Kugeln und Wetterfahnen. Das Holstentor steht hier als Symbol der Hansestadt Lübeck, der Maria Magdalena der Legende nach 1227 bei der Schlacht von Bornhöved gegen die Dänen beigestanden hatte.
Erhart Altdorfer, Maria-Magdalenen-Altar der Bruderschaft der Schneider, um 1519

Abb. 13: Anhand des Burgtors kann man sich eine Vorstellung davon machen, wie die Zwingmauer zwischen dem inneren und dem äußeren Holstentor ausgesehen haben dürfte. Mit dem Zwinger wurden die Wege in die Stadt vor dem Feind zusätzlich abgesichert. Holzschnitt von Elias Diebel 1552, Ausschnitt

hölzerne Brücke. Ferner wird es auf der Stadtinsel eine Stadtmauer mit einem festen Stadttor gegeben haben. Auf der anderen Seite der Trave, also an der Stelle des heutigen Holstentors, ist ein „Holstentor", das heißt der direkte Vorgängerbau, belegt. Vermutlich stand es dichter an der Brücke als das heutige Tor und ein wenig weiter nördlich, wo anstatt der heutigen Salzspeicher Heringshäuser standen. Ein Brückenzwinger dürfte beide Tore miteinander verbunden haben, wie es der Holzschnitt von Elias Diebel von 1552 für das Burgtor der Hansestadt Lübeck zeigt (Abb. 13). Wahrscheinlich war der Vorgängerbau ebenfalls eine doppeltürmige Anlage. Wie das Vortor aussah, ist nicht bekannt. Allerdings zeigt der gleiche Holzschnitt, welche Form das innere, mit der Stadtmauer direkt verbundene erste Holstentor wohl besaß (Abb. 12, 13).

Im Rahmen der Erneuerung der Lübecker Stadtbefestigung im 15. Jahrhundert begann man mit dem Bau des heutigen Holstentors. Wie in anderen Städten sollte es dem gestiegenen Repräsentationsbedürfnis der Hansestadt Genüge tun. Die deutlich sichtbare Ornamentik sollte damit wohl den im Vertrag von Ripen veränderten politischen Bedingungen Rechnung tragen. Denn in diesem Vertrag von 1460 war Schleswig-Holstein an Dänemark gefallen, das die Ostseezugänge kontrollierte und ein Feind der Hanse war. Damit wurde das neue Holstentor zugleich auch eine steinerne Machtdemonstration gegenüber dem dänischen Königreich.

Abb. 14: Anhand des Holzschnitts von Elias Diebel wurde das innere Holstentor aus dem 13. Jahrhundert, das bis zum frühen 19. Jahrhundert existierte und bis dahin ein integraler Teil der Stadtmauer war, rekonstruiert.

Johann Broling, Mitglied des Rats der Hansestadt Lübeck, verfügte gegen Mitte des 15. Jahrhunderts in seinem Testament, dass aus seinem Erbe ein Betrag in Höhe von 4000 Mark für den Neubau des Holstentors zur Verfügung gestellt werden sollte. Wahrscheinlich war diese Verfügung ausschlaggebend für den Baubeginn des heutigen Tores in den Jahren 1464/65. Aufgrund der Quellenlage ist anzunehmen, dass es beim Fortschreiten zu Verzögerungen gekommen war, denn erst 1467/68 wird die Bautätigkeit fortgesetzt. Die eigentlichen Fundamentierungsarbeiten wurden, wie es der damaligen Bauweise entsprach, zunächst 1469 für den Nordturm und dann 1470 für den Südturm durchgeführt. Man begann also, wie auch bei den Kirchentürmen üblich, zunächst mit der Wetterseite. Über die Bauabfolge bis zur Fertigstellung im Jahre 1478 gibt es zahlreiche Dokumente.[7]

Mit Sicherheit können wir heute annehmen, dass das Holstentor von Anfang an zu einer größeren Verteidigungsanlage gehörte. Als Vortor beziehungsweise Außentor war es mit dem inneren Stadttor durch eine Brücke und einen Zwinger verbunden. Im Vorfeld des Holstentors selbst wird es Wälle, Gräben und Türme gegeben haben. Ihre genaue Anlage ist uns aber nicht mehr bekannt. Diese Annahme wird durch die großen, zur Stadtseite ausgerichteten Fensteröffnungen im ersten Geschoss unterstützt, die geschützt werden mussten, da sie sich außerhalb der Zwingmauern befanden. Immerhin weiß man, dass zwischen 1475 und 1482 ein Wall mit drei Türmen gebaut wur-

Abb. 15: Der Bau eines eindrucksvollen Vortors von 1585, das direkt in die Schutzwälle eingebunden war, verdeckte das Holstentor fast völlig. Die Krümmung des Vortors diente dazu, den direkten Beschuss durch den Durchgang zu verhindern. Beide Bauten verband ein Zwinger. Die Fassade macht deutlich, dass die Repräsentation die wehrtechnischen Belange zurückgedrängt hatte. Modell aus dem Jahr 2000

de, der zwar noch nicht direkt an das Holstentor anschloss, aber wohl bis dahin geplant war.

Befestigungsanlagen im Umfeld des Holstentors

Bereits im 16. Jahrhundert erkannte man, dass die bisherigen mittelalterlichen Befestigungsanlagen wehrtechnisch veraltet waren. Bastionen mit steilen Wällen und Gräben vor den Mauern und bisherigen Wällen wurden notwendig. Zunächst schüttete man 1554 einen sogenannten „Dreck- und Moorwall" südlich des Tores auf. Dann errichtete man im nördlichen Abschnitt zwei Rondelle. Schließlich baute man 1583–1585 ein weiteres Rondell als niedrige, etwas südlich gelegene Bastion vor dem Holstentor zur Ergänzung seiner Verteidigungsfunktion. Diese Bastion mit überdachtem Durchgang wurde als ein Vortor zum Holstentor ausgebildet (Abb. 15, 16). Beide Bauten verband wiederum eine Zwingmauer. Sie verdeckte das imposante Holstentor nahezu vollständig. Erst die Errichtung des Bahnhofs 1851 und der Wunsch nach einem größeren Platz davor führten zum Abriss des ansehnlichen Vortors. Nun war nach mehr als 350 Jahren von der Feldseite wieder ein freier, unverstellter Blick auf das Holstentor möglich.

Bei dem Bauwerk – wegen seines stumpfwinkligen Grundrisses „Krummes Tor" genannt – handelt es sich um das bedeutendste Lübecker Gebäude der Renaissance. Wie beim Holstentor dienten auch hier Bauwerke in den Niederlanden, wie das Renaissance-Rathaus von Appingedam bei Groningen, als Vorbild.

Abb. 16: Das Modell macht deutlich, wie dicht – nur rund 15 Meter (!) – das neuere Tor vor dem alten Holstentor mit seinen Zwingmauern und Wällen stand. Holzmodell um 1950

Über den Baumeister des „Krummen Tores“ ist nichts bekannt. Möglicherweise handelt es sich um den Ratsbaumeister Hermann von Rode, der von 1584–1617 in Lübeck tätig war und die Verlängerung des Kanzleigebäudes sowie den 1822 abgetragenen Stufengiebel des Zeughauses von 1594 schuf.

Der architektonisch überaus hochwertige Bau des Vortores stand mit seiner inneren, stadtseitigen Front nur etwa 15 Meter vor der Feldseite des Holstentors und war in die Wallanlage eingebettet. Die Außenseite zeigte eine schmucke und repräsentative Renaissancefassade (Abb. 17). Über dem Torbogen zierte eine Tafel mit dem lübischen Doppeladler die Durchfahrt. Er befindet sich heute im Holstentor. Wesentlich bescheidener

Abb. 17: Während die Feldseite des Vortors von 1585 reich mit Renaissanceornamenten nach niederländischem Vorbild ausgestattet war, zeigte sich die noch in spätgotischen Formen gestaltete Stadtseite wesentlich schlichter.

als die Außenseite präsentierte sich die der Stadt zugewandte Innenseite mit ihrem schlichten Treppengiebel. Über ihrer Tordurchfahrt war die Inschrift zu lesen: „PULCHRA RES EST PAX FORIS ET DOMI CONCORDIA. AÑO. MDLXXXV." (Friede draußen und drinnen Eintracht [zu haben] ist eine schöne Sache. Im Jahre 1585). 1710 wurde der Text an der Außenseite des Vortors folgendermaßen variiert: „CONCORDIA DOMI ET FORIS PAX SANE RES EST OMNIUM PULCHERRIMA": (Eintracht drinnen und draußen Frieden [zu haben] ist eine gesunde Sache und die schönste von allen"). Schließlich änderte man den Wortlaut 1843 nochmals an dieser Stelle in die Form, wie sie seit 1863 über dem feldseitigen Torbogen des Holstentors – nun allerdings ohne das „ET"! – noch heute zu lesen ist: „CONCORDIA DOMI FORIS PAX". Erst ab 1710 befand sich auf der Vortoraußenseite auch das „S.P.Q.L.", das ebenfalls 1863 über dem stadtseitigen Durchfahrtsbogen des Holstentors angebracht wurde (Abb. 18).

Abb. 18: Die Inschrift über der Feldseite des Durchgangs stammt vom abgerissenen Vortor.

Bedauerlich ist die Zerstörung dieses interessanten Vortors auch deshalb, weil das über hundert Jahre nach dem Holstentor errichtete Bauwerk uns heute den nach Repräsentation strebenden Geist der damaligen Hansestadt, der bereits im Holstentor sichtbar wird, noch besser hätte vergegenwärtigen können. Gerade bei diesem Vortor trat der rein militärische Zweck hinter dem Bedürfnis, Reichtum und Macht zu demonstrieren, deutlich zurück.

Wenden wir uns nun aber den weiteren Verteidigungsanlagen zu, in die das Holstentor eingebunden war. Im 17. Jahrhundert waren die Verteidigungsanlagen mit ihren Rondellen, Türmen und Wällen veraltet. Gleiches galt für das Holstentor als Wehrbau. 1595 wurde der Baumeister Pasqualini d. J. von der Stadt beauftragt, eine neue Bastion am südlichen offenen Ende des Holstentorwalls in der Nähe der Dankwartsgrube zu errichten. 1601 bildete man eine Wallbehörde und 1604 entwickelte der aus den Niederlanden stammende Festungsbaumeister Johann van Ryswycks im Auftrag des Rates eine Bastionsbefestigung für die Travefront (Abb. 19). Wenig später begannen die Arbeiten, die 1609 von dessen Schüler Johann van Valckenburg fortgeführt wurden.

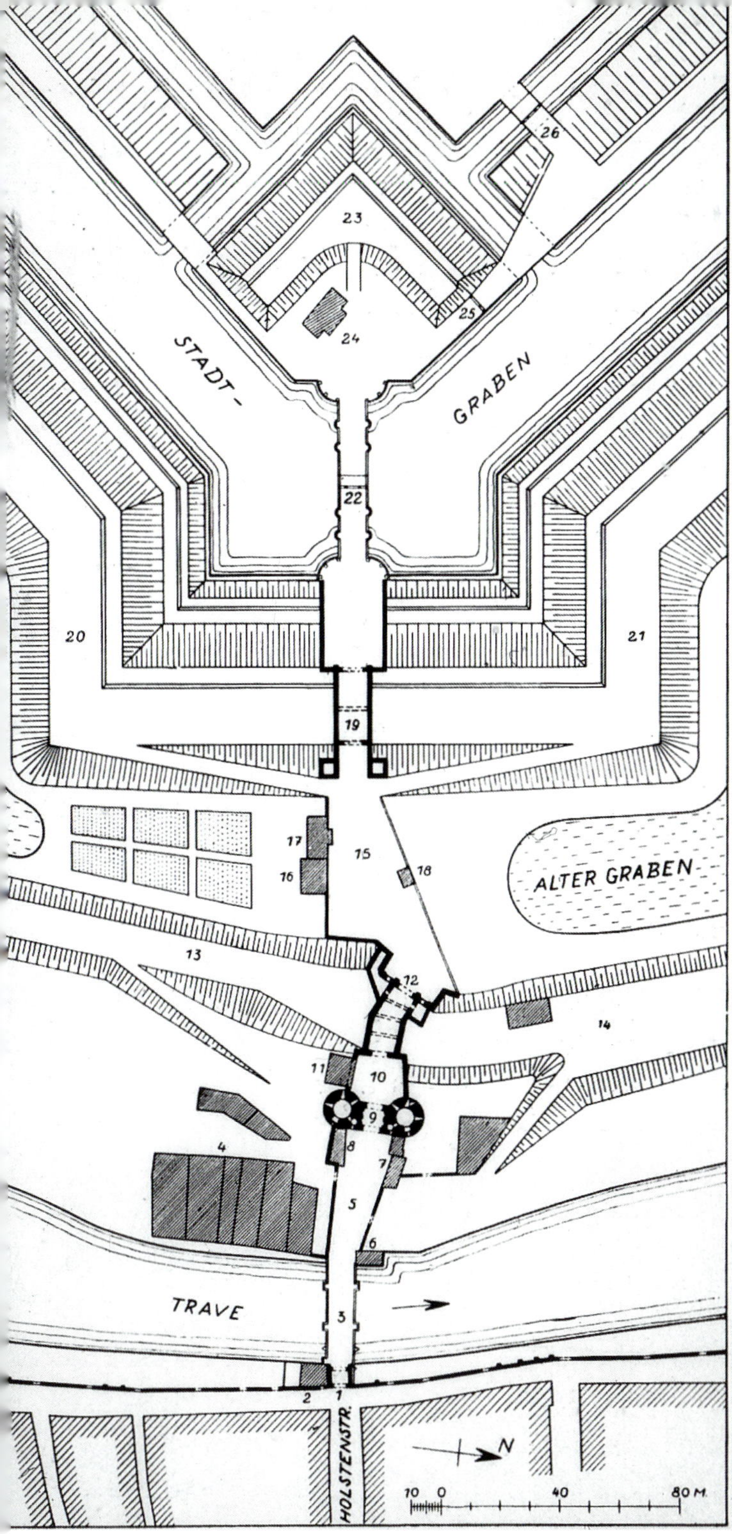

Holstentor

Abb. 19: Gegen Ende des 18. Jahrhunderts spielte das Holstentor in dem gewaltigen Befestigungssystem nur noch eine geringe Rolle. Schematischer Grundriss, Rekonstruktion, 1939

1 Inneres Holstentor
2 Zöllnerhaus
3 Holstenbrücke
4 Salzspeicher
5 Innerer Zwinger
6 Feuerwerkerhaus („Knütterbude")
7 Wohnung des reitenden Dieners (Stadtbote)
8 Zingelschließer
9 HOLSTENTOR
10 Mittlerer Zwinger
11 Wohnung des reitenden Dieners
12 Renaissancetor
13 Dreck- oder Moorwall des 16. Jahrhunderts
14 Knochenhauerwall
15 Äußerer Zwinger
16 Bürgerleutnant
17 Binnenwache
18 Klause
19 Außentor des 19. Jahrhunderts
20 Bastion Holstentor
21 Bastion Rehbock
22 Puppenbrücke
23 Ravelin von 1684
24 Außenwache
25 Tor des Ravelins
26 Äußeres Tor

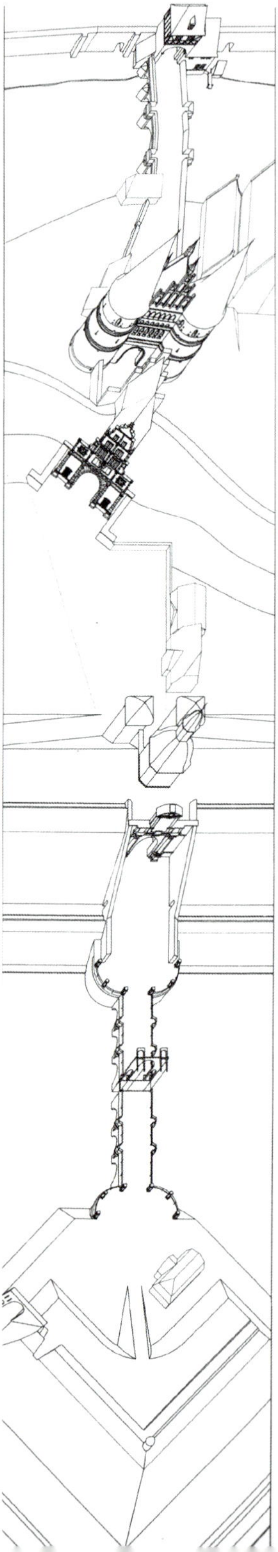

Abb. 20: Die isometrische Darstellung von 1939 zeigt die etwa 500 m lange Holstentoranlage im 18. Jahrhundert.

Allerdings konnte man sich auch zu diesem Zeitpunkt noch nicht dazu entschließen, diesen Teil der Trave vollständig zu schließen. Erst 1621/22 wurden dann die entsprechenden Baumaßnahmen durchgeführt. Sie erwiesen sich bei den ungünstigen Geländeverhältnissen als äußerst schwierig. Gerade im Holstentorbereich zogen sich die Arbeiten in die Länge. Daher wurde 1628 der Hamburger Baumeister Wilhelm Schmidt geholt, um ein zusätzliches, viel weiter außen gelegenes Tor und eine neue Holstenbrücke zwischen Innerem Tor und heutigem Holstentor zu errichten (Abb. 19, 20). Einen bedeutenden Anteil an den neuen Anlagen hatte auch der bis 1645 in Lübeck tätige Johann von Brüssel. 1660/70 waren die meisten dieser Arbeiten abgeschlossen.

Das im Holstentor aufgestellte Stadtmodell von 1933 zeigt den Zustand der Hansestadt im 17. Jahrhundert und gibt, wenn auch nicht maßstabsgerecht, recht gut die gesamte Verteidigungsanlage im Holstentorbereich wieder. Demnach folgte auf das mittelalterliche Holstentor das von seitlichen Wällen eingeschlossene Vortor. Der Weg setzte sich über einen Brückendamm und eine Zugbrücke weiter fort. Zwischen altem Holstentorwall und neuem Wall befand sich ein von Teichen (Überreste des ehemaligen Grabens) und Gärten besetztes Gelände als Vorfeld. Auf dem neuen, äußeren Wall standen die Geschütze. Es folgte ein Graben, über den eine weitere Brücke zum Glacis überleitete.[8] Hieran schloss sich das neue, mit einem Turm versehene Außentor von 1621 an, das wegen seiner schlechten Gründungen aber bereits 1634 bis 1636 von Johann von Brüssel erneu-

Abb. 21: Vor der Silhouette der Marienkirche und hinter dem Wall erkennt man das alte Holstentor. Johann Marcus David. Blick auf die Puppenbrücke, äußeres Holstentor und die Wallanlagen, Aquarell, 1795

ert werden musste. Auch dieser Bau nahm das Motiv des Doppelturms, das vom Holstentor in Lübeck eingeführt worden war, wieder auf.

Eine dritte Brücke, die sich an dieses Tor anschloss, führte schließlich zum 1684 errichteten Ravelin mit seiner Außenwache und zu einem seitlich gelegenen Tor, durch das man, den äußersten Wall durchschreitend, zum endgültigen Außentor gelangte.[9] Die letzte Brücke aus Holz mußte wiederholte Male repariert und 1743 vollkommen erneuert werden. 1767 war sie allerdings schon wieder derart schadhaft, dass man sich aufgrund des Vorschlags von Stadtbaumeister Adam von Soherr zur Errichtung einer steinernen Brücke entschloss. 1768 wurde sie gebaut und erhielt allegorische Steinfiguren als Schmuck. So entstand die auch heute noch existierende „Puppenbrücke".[10]

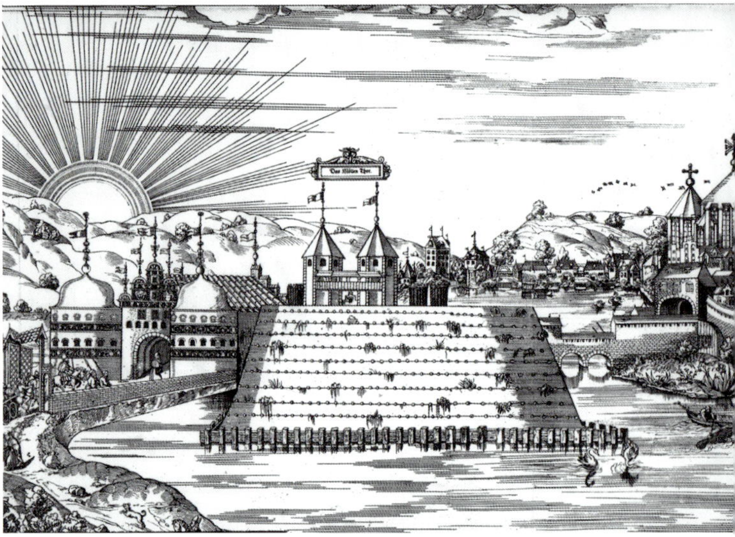

Abb. 22: Als dieser Holzschnitt 1552 entstand, war das Mühlentor noch nicht fertiggestellt. Die beiden Terrakottabänder verweisen auf das Holstentor als Vorbild. Auch das an sich schon veraltete Mühlentor wurde zur Repräsentation errichtet. Elias Diebel, Das neue Mühlentor, Holzschnitt, 1552

Im 18. Jahrhundert verfielen die Verteidigungsanlagen weitgehend. Die Wälle wurden mit Bäumen bepflanzt und zu Grünanlagen für Spaziergänger umgewandelt (Abb. 21). Im Laufe der folgenden Jahre wurden die alten Befestigungsanlagen, die nach und nach zerfielen, endgültig beseitigt.[11] Erst mit dem Beitritt Lübecks zum Norddeutschen Bund 1867 und zum Zollverein am 11. 8. 1868 wurden die nächtliche Torsperre und der Zoll, der bis dahin im Bereich des Holstentors zu entrichten war, aufgehoben.

Vorbilder und Nachfahren

Wenden wir uns aber zum Schluss noch einmal dem Holstentor selbst zu. Eingangs wurde bereits erwähnt, dass das Gebäude zur Zeit seiner Errichtung bereits verteidigungstechnisch veraltet war, da die breite Front mit den beiden Türmen dem Feind eigentlich zuviel Angriffsfläche bot. Was also mag den Baumeister Hinrich Helmstede beziehungsweise den Rat bewogen haben, dennoch ein solches Tor zu errichten? Die Antwort kann nur dahingehend lauten, dass das Holstentor mehr sein sollte als eine reine Wehranlage. Die Art der künstlerischen Ausführung deutet darauf hin, dass dieses Bauwerk, die Macht, die Hanse, den Handel und den Reichtum der Stadt nach außen hin sichtbar machen sollte.

Es gab bereits zahlreiche andere Stadttore im Deutschen Reich, Flandern und den Niederlanden, die als Doppelturmanlagen gebaut waren, so etwa das Krantor in Danzig, der Torturm von Anklam, die Eigelstein-Torburg zu Köln, das Marschiertor zu Aachen, das Klever Tor in Xanten, die Helpoort in Maastricht, der Rabot in Gent, das Heilig-Kreuz-Tor in Brügge, die O. L. Vrouwenpoort in Bergen op Zoom usw. In diesem Zusammenhang gehört das Holstentor eigentlich zu den spätesten Beispielen eines Bautyps, der bereits im 15. Jahrhundert seine Bedeutung verloren hatte. Eine vergleichbare Anlage hatte man in Lübeck mit dem Mühlentor bereits im 14. Jahrhundert errichtet und 1550 durch einen nach dem Vorbild des Holstentors geschaffenen Neubau ersetzt (Abb. 23). Mit hoher Wahrscheinlichkeit war auch der direkte Vorgängerbau des Holstentors doppeltürmig gewesen.

Trotz der Doppeltürmigkeit vieler Tore im Gebiet der Backsteinarchitektur finden sich aber keinerlei Beispiele, die als direkte Vorbilder des Lübecker Tors angeführt werden könnten.

Alles deutet darauf hin, dass die Anregungen hierfür aus den Niederlanden und Flandern kamen, wenn auch die Doppeltürmigkeit solcher Tore ursprünglich auf römische Vorbilder, wie die Porta Nigra zu Trier, zurückgehen dürfte. Es ist bezeichnend, dass gerade in den Niederlanden und in Flandern zahlreiche dieser Tore von Beginn des 14. Jahrhunderts an bis weit in das 15. Jahrhundert hinein entstanden und damit eine bereits bestehende Tradition bewusst fortgesetzt wurde. Auch diese Tore waren zur Zeit ihrer Erbauung bereits veraltet.

So erinnern die Doppeltürmigkeit und der Aufbau der Türme des Holstentors an die beiden Broel-Türme im flandrischen Kortrijk (Abb. 23). Sie entstanden im 14./15. Jahrhundert. Noch näher ist schließlich der Rabot von Gent unserem Holstentor,

Abb. 23: In Aufbau und Aussehen ähneln die beiden mächtigen Brückentürme im flandrischen Kortrijk denen des Holstentors.

der früher als sein direktes Vorbild galt, aber erst 1489, also etwas später, errichtet wurde (Abb. 24). Beim Rabot handelt es sich um ein Wasser- beziehungsweise Schleusentor. Die Ähnlichkeit überzeugt und deutet darauf hin, dass sowohl der Rabot als auch der Lübecker Bau gemeinsame Vorbilder gehabt haben dürften.

Alles spricht dafür, dass diese sich in Brügge befanden, einer Stadt, zu der Lübeck von alters her enge Handelsbeziehungen unterhielt und in der die Hanse ihren Kontor hatte. Noch im 15. Jahrhundert, als die Stadt Brügge bereits ihren Zenit überschrit-

Abb. 24: Obwohl der Rabot in Gent, ein Schleusentor von 1489, erst nach dem Holstentor fertiggestellt wurde, ähneln sich beide Bauten auf verblüffende Weise. Das Tor wurde als eine Art Denkmal errichtet, diente also mehr repräsentativen denn wehrtechnischen Zwecken.

ten hatte, war sie Lübecks größter Handelspartner. Alle zehn bedeutenden Brügger Tore waren Doppeltoranlagen, die in das 13. Jahrhundert zurück reichten und bis in das 15. Jahrhundert hinein immer wieder erneuert und verändert wurden. Das Holstentor ist dem dortigen Heilig-Kreuz-Tor am ähnlichsten. Seine Doppeltürme bestimmten den Gesamteindruck, und es besaß zur Stadtseite hin ebenfalls eine Schaufront.

Wie in Lübeck war der Gesamtaufbau von den Türmen her konzipiert worden und der Mittelbau dahinter gestellt oder dazwischen geschoben (Abb. 25, 26). Gerade in Brügge hatte man die Tradition der Doppelturmtoranlagen gepflegt wie in keiner anderen europäischen Stadt. Damit waren diese an sich technisch veralteten Tore zum Symbol von Macht und Anspruch der ehemals so bedeutenden Handelsstadt Brügge geworden. Es liegt daher nahe, dass es ähnliche Beweggründe

Abb. 25, 26: Die größte Verwandtschaft zeigt das Heilig-Kreuz-Tor in Brügge, 1403 bis 1406, insbesondere, was das Verhältnis von Toren zum Mittelbau und die Unterschiede zwischen Feld- und Stadtseiten betrifft. Mit Brügge unterhielt Lübeck enge Handelsbeziehungen.

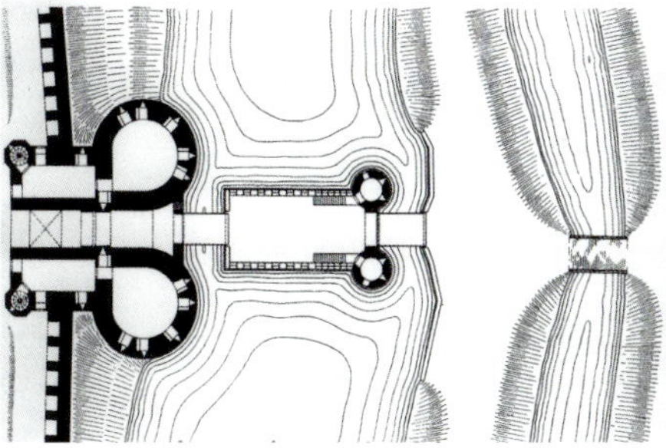

gab, die die Lübecker dazu bewogen, ein solches Tor zu erbauen. Man hatte hier unausgesprochen ein Denkmal ehemaliger städtischer Macht und Größe errichten wollen, welches man der Herrschaft König Christians I. von Dänemark entgegenzusetzen trachtete. Übrigens war auch der Genter Rabot (Hobel) „als Andenken an den Kampf mit dem Grafen Maximilian von Österreich" 26 Jahre nach dem Ende der Auseinandersetzungen als eine Art Denkmal errichtet worden.

Das Holstentor wiederum diente 1550 bei der Erneuerung des Lübecker Mühlentors als Vorbild. Damit entstand nach den Plänen des Stadtbaumeisters Brandes an einem vielbefahrenen Ort noch einmal ein Repräsentationsbau mit ähnlichen horizontalen Terrakottafriesen wie am Holstentor (Abb. 22). In einer Chronik aus den Jahren 1550/51 heißt es sinngemäß, dass man den Reisenden mit der Schönheit des Tors den Eindruck vom Reichtum und der Macht Lübecks vermitteln wollte. 1662/63 wurde es abgerissen. Auch soll eine Delegation Hamburger Kaufleute das Holstentor gleich nach seiner Errichtung besichtigt und beschlossen haben, das Steintor als Stadtausgang in Richtung Lübeck in ähnlichen Formen zu erbauen. Es scheint, als habe man die Funktion des Lübecker Tors als Repräsentationsbau schon damals unmittelbar begriffen.[13]

Abb. 27: Im Dritten Reich wurde das Holstentor für Propagandazwecke missbraucht. Neben einem Waffenmuseum entstand 1935 eine profane Weihestätte für die Gefallenen des Ersten Weltkriegs.

Die Straße, die durch das Mühlentor führte, verband Lübeck über Ratzeburg mit der Stadt Mölln, die von 1359–1683 Lübecker Pfandgebiet war. Die Stadt Mölln betrat man durch das heute zerstörte Wassertor. Eine Darstellung des 17. Jahrhunderts zeigt es als eine Doppelturmanlage, die 1595, also sehr spät errichtet wurde. Damit sollten noch einmal das Lübecker Repräsentationsbedürfnis und der Machtanspruch der Stadt in Form eines solchen Baus zum Ausdruck gebracht werden.

Nutzung des Holstentors

Zu Beginn des 20. Jahrhunderts gab es sehr unterschiedliche, bis zum heutigen Tag reichende Überlegungen, wie das

Umfeld des Holstentors künftig aussehen könnte. Die Vorschläge reichten von einem gewaltigen, mit Denkmalen bestückten „Forum", über ein zu errichtendes „Kaiser-Wilhelm-Volkshaus" (1913) bis zu einem Warenhaus (1974).[14]

Eine neue sinnvolle Nutzung erhielt das Holstentor erst Ende 1934 nach dem Abschluss der Restaurierungsarbeiten. Als das Gebäude der Kulturverwaltung der Stadt übereignet wurde, dachte man kurzzeitig daran, die Räume als Gemäldegalerie zu nutzen. Dieser Vorschlag wurde aber wegen der runden Mauern schnell verworfen. Indem das Gebäude zum Holstentormuseum umfunktioniert wurde, setzte seine Musealisierung ein. Zugleich aber wurde hier ein Ehrenmal für die Opfer des Ersten

Abb. 28:
Bis auf einen Versuch wurden die für alle Räume des Holstentors geplanten monumentalen Wandgemälde zur Geschichte von den Wikingern bis zur SA nicht realisiert.
Arthur Illies, Entwurf für die Ausmalung des Holstentors, 1935

Weltkriegs errichtet (Abb. 27). Man beabsichtigte zudem, ein Waffenmuseum einzurichten und im zweiten Obergeschoss des Nordturms einen Raum der NSDAP zu weihen. Alle Räume sollten mit Malereien über die Geschichte von den Wikingern bis zur SA ausgestattet werden (Abb. 28). Die künstlerische Qualität der Entwürfe von Arthur Illies für mehrere Räume und des einen von Professor Hans Nadler aus Dresden tatsächlich ausgemalten Raums war ungenügend, so dass man diesen Plan aufgab und das bereits ausgeführte „Kunstwerk" wieder entfernte. Die ersten Fotos aus Dresden durften nicht veröffentlicht werden und wurden umgehend beschlagnahmt. Im übrigen entsprach die inhaltliche Qualität der künstlerischen. Während des sogenannten Dritten Reiches diente das Holstentor häufig als Schauplatz nationalsozialistischer Sonnenwendfeiern und ähnlicher Veranstaltungen. Der Platz vor dem Tor erhielt am 29. 1. 1938 den Namen „Adolf-Hitler-Platz".

Schließlich wurde nach 1950 im Holstentor ein stadtgeschichtliches Museum eingerichtet. Dieser Funktion dient das Tor, das heute zu den bedeutendsten touristischen Anziehungspunkten der Hansestadt zählt, auch weiterhin. Nach der inneren Umgestaltung Ende 2001/Anfang 2002 erstrahlt es in neuem und friedfertigem musealen Glanz.

Trotz der zahlreichen Veränderungen, denen das Holstentor im Laufe seiner mehr als 500jährigen Geschichte ausgesetzt war, blieb seine Wirkung und Bedeutung als Denkmal der Hansestadt Lübeck und der Stadt als Lebensform an sich unverändert. Wiederentdeckt von den Romantikern des 19. Jahrhunderts, dient es noch heute der Werbung und den Souvenirherstellern als unschlagbares Zeichen für Qualität, Tradition und Bedeutung.

Das Holstentor ist übrigens niemals angegriffen worden.

Anmerkungen und Literatur

1 Für die Ausführungen wurde folgende Grundlagenliteratur verwendet: Die Bau- und Kunstdenkmäler der Hansestadt Lübeck, Bd. I, 1. Teil: Stadtpläne und -ansichten, Stadtbefestigung, Wasserkünste und Mühlen. Bearbeitet von Hugo Rathgens, Lübeck 1939, S. 116–223
Schadendorf, Wulf: Das Holstentor zu Lübeck – Der Bau und seine Geschichte, erschienen in der Reihe: Niederdeutscher Verband für Volks- und Altertumskunde, Bd. 2, Braunschweig 1978
Schadendorf, Wulf: Das Holstentor – Symbol der Stadt. Gestalt, Geschichte und Herkunft des Lübecker Tores, Lübeck o. J. (1978)
Dehio, Georg: Handbuch der Deutschen Kunstdenkmäler, Hamburg – Schleswig-Holstein, bearbeitet von Johannes Habich, Christoph Timm (Hamburg) und Lutz Wilde (Lübeck), München/Berlin 1994, S. 508–510

2 Diese Ziegel wurden während der großen Restaurierung in den Jahren 1864–71 weitgehend erneuert. Das gilt im übrigen auch für die meisten Platten des Terrakottafrieses.

3 Die Abmessungen des Holstentors betragen:

Erdgeschossbreite:	33,50 m
Durchfahrtstiefe:	8,85 m
Durchmesser Südturm:	12,55 m
Durchmesser Nordturm:	12,35 m
Höhe von Bodenplatte bis Hauptgesims:	18,30 m
Ursprüngliche Höhe des Mauerwerks:	21,50 m
Höhe der Turmhöhen von Hauptgesims bis Kugel:	21,00 m

Demnach waren die ursprünglichen Höhen von Mauerwerk und Helmen fast gleich.

4 Ein Zwinger ist ein Gelände zwischen der Vor- und Hauptmauer einer Burg- oder Stadtbefestigung. Eine Zwingermauer grenzt dieses Gelände zwischen den Toren ein und „zwingt" die Menschen, den

vorgegebenen Weg ohne Abzweigungen zu beschreiten. In diesem wenig nutzbaren Bezirk, wurden früher häufig Tiere gehalten, daher der noch heute gebräuchliche Begriff des Tier- oder Hundezwingers.

5 Hierbei handelt es sich um schmiedeeiserne, mit Griffen und Ringen zum Heben versehene Geschützverschlüsse, die hinten am Geschützrohr angebracht wurden.

6 Die Geschützausstattung umfasst:
1 halbe Schlange von Schmiedeeisen mit 2 Kammern
1 halbe Schlange von Gusseisen mit 2 Kammern
1 Viertelschlange mit 2 Kammern
4 Steinbüchsen mit 10 Kammern
2 Passener mit 3 Kammern
3 Potthunde mit 5 Kammern
8 Serpentiner mit 20 Kammern
6 Serpentiner mit eisernen Stilen und 14 Kammern
22 Hakenbüchsen mit hölzernen Stilen
Demzufolge gab es hier 48 Waffen mit insgesamt 58 Kammern.
Bei den „Potthunden" handelt es sich um Mörser, bei den „Passenern" um relativ kurze Hinterlader kleinen Kalibers. „Serpentiner" oder „Schlangen" aus dem 15. bis 17. Jahrhundert sind Geschütze mit kleinem Kaliber, aber langem Rohr, das die Treffsicherheit erhöhen sollte.
Die Hakenbüchse ist eine primitive tragbare Feuerwaffe, die im 15. und 16. Jahrhundert verwendet wurde. Ursprünglich bestand sie aus einem schweren Lauf und einem geraden Schaft und war so schwer und unhandlich, dass man beim Schießen einen Ständer benötigte. Zu den späteren Verbesserungen gehörte ein längerer, gebogener Schaft, mit dem man die Waffe aus der Schulter heraus abschießen konnte. Schon gegen Ende des 16. Jahrhunderts kam die Hakenbüchse aus dem Gebrauch.

7 Eine detaillierte Schilderung findet sich bei Schadendorf 1978 (siehe Anm. 1), S. 44–46

8 Glacis: Feldabdachung, in der Festungsbaukunst eine vom äußeren Graben nach dem Vorfeld einer Befestigungsanlage zu abgeflachte Erdschüttung oder ein weiter offener Bereich, der das Beschießen des Vorfeldes gestattete.

9 Ravelin: im sogenannten Bastionärsystem des 16. Jahrhunderts eine Außenbefestigung mit dreieckigem Grundriss, deren Spitze feldwärts gerichtet und deren Rückseite offen ist.

10 Die originalen Figuren befinden sich heute im St. Annen-Museum im sogenannten „Puppenhof". Demzufolge sind die heutigen Brückenfiguren Kopien. Die Brücke selbst wurde 1907 etwas nördlicher neu aufgebaut.

11 Kurz nach 1783 begann man mit dem Abbruch der Stadtmauer mit ihren mittelalterlichen Türmen. Dieses Unternehmen zog sich bis etwa 1849 hin; 1794 entfernte man den Turm des inneren Holstentors. Das Holstentor verfiel langsam. 1803 beschloss der Rat die Schleifung der barocken Wälle und Bastionen. 1806 wurden diese Arbeiten beendet. 1808 fiel das äußere Holstentor mit seinen Wällen, zugleich wurden diese Bereiche parkähnlich gestaltet.

12 siehe Brehmer, W.: Beiträge zu einer Baugeschichte Lübecks, 5. Die Befestigungswerke Lübecks, in: Zeitschrift des Vereins für Lübeckische Geschichte und Alterthumskunde, Bd. 7, Lübeck 1898, S. 476/477

13 Geist, Jonas: Versuch, das Holstentor zu Lübeck im Geiste etwas anzuheben – Zur Natur des Bürgertums, Berlin 1976, S. 58; hier auch ausführliche Darstellungen zum Umgang mit dem Bau als Symbol in Geschichte und Gegenwart

14 siehe Pieske, Christa: Die Gestaltung des Holstentorplatzes in Lübeck 1906 – 1913 – 1926, in: Deutsche Kunst-Denkmalpflege, 33. Jahrgang 1976, Heft 1/2, S. 73–90

Der Ausstellungsrundgang führt vom linken Turm des Holstentores aus durch neun Räume mit Exponaten zu den Themen: der Fernhandel, der Marktplatz, das Lübische Recht, die Repräsentation, die Schifffahrt, die ziegelrote Stadt, die Wehranlagen und das Holstentor.

1. Raum, 1. Obergeschoss, Südturm: „Der Fernhandel"

Lübeck war im Mittelalter neben Köln die größte Stadt Deutschlands. Sie verdankte ihre Macht und Bedeutung der zentralen Position im Netz der internationalen Handelsstraßen zu Wasser und zu Lande: Lübeck war Drehscheibe des nordeuropäischen Fernhandels. Folgerichtig stellten die Kaufleute, die vom frühen Mittelalter bis zur Neuzeit die Geschicke der Stadt als Warenumschlags- und Stapelplatz bestimmten, die führende Bevölkerungsgruppe. Bis 1848 waren sie die maßgeblichen Träger der politischen Verwaltung, und sie steuerten die Außen- und Innenpolitik. Sie saßen im Rat, stellten Bürgermeister, sie standen den verschiedenen städtischen Behörden vor und waren als Gesandte und Diplomaten im Ausland tätig. Nur die studierten Juristen erlangten seit dem 17. Jahrhundert einen größeren Einfluss in Verwaltung und Rat. Sie erreichten jedoch nie die Anzahl der Kaufleute. So prägte der Lübecker Fernhandelskaufmann die Stadt nicht nur im wirtschaftlichen, sondern auch im politischen, kulturellen und sozialen Bereich. Das heutige Stadtbild mit den beeindruckenden Backsteinbauten geht auf diese große Zeit Lübecks zurück.

Die Ausstellung schildert die Macht des Handels in ihren verschiedenen Facetten, Leitfigur ist der Lübecker Kaufmann:

Der Fernhandel – Grundlage für den Reichtum der Stadt

Der Besucher wird im ersten Raum der Ausstellung in das Zentrum des nordeuropäischen Fernhandels versetzt. Umrahmt von einer der berühmtesten Darstellungen Lübecks, dem Holzschnitt von Elias Diebel von 1552 (Abb. 1), symbolisiert eine

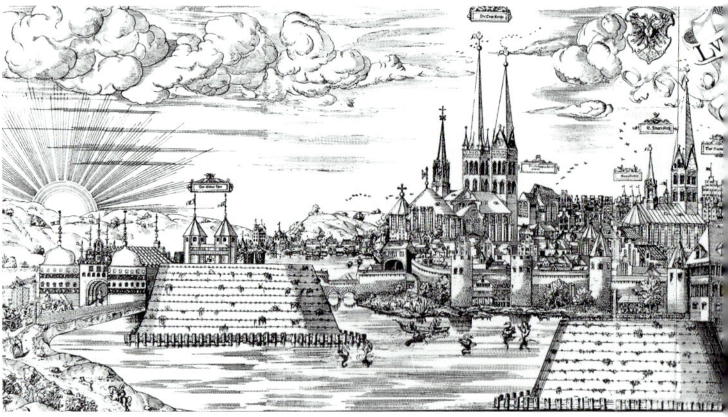

Abb. 1: Der 3,50 m lange Holzschnitt gibt ein detailliertes Bild der Stadtanlage Lübecks wieder und bietet Einblicke in das städtische Leben der damals größten Handelsmetropole des Ostseeraums. Elias Diebel, Ansicht der Stadt Lübeck, 1552.

Drehscheibe die Rolle Lübecks als Mittelpunkt der Handelsrouten. Diese Drehscheibe steht auf einer Landkarte Europas, die den Fußboden des Raumes bedeckt, so dass der Besucher die wichtigsten Handelswege gleichsam abschreiten kann. Die Handelsstädte im In- und Ausland, die zu Lübeck in enger Verbindung standen, sind hier verzeichnet.

Aus ihrer Fülle werden in der Drehscheibe die Handelskontore, die Niederlassungen der niederdeutschen Kaufleute im Ausland, herausgegriffen. Es sind jene Orte, in denen die Lübecker Kaufleute auf ihren Reisen oft monatelang wohnten – meist in einer eigenen Stadt in der Stadt.

Im Osten liegt Novgorod, das Zentrum des Russlandhandels. Luxusgüter wie Pelze, Prestigeobjekte für die westliche Oberschicht, wurden aus Novgorod importiert (Abb. 2). Mit Zobel, Feh (grauem Eichhörnchen) und Marder besetzten und fütterten die Kaufleute ihre Schauben (weite Obergewänder), um ihre gehobene soziale Position in der Öffentlichkeit zu präsentieren (Abb. 3). Wachs aus dem Osten brauchten die Kirchen in großen Mengen, manche Ämter und Bruderschaften forderten es sogar als ‚Eintrittsgeld'.

Die Lübecker Kaufleute lebten in Novgorod im St. Peterhof, in dessen Mitte die St. Peterkirche stand. Hier wurde nicht nur der Gottesdienst abgehalten, sondern hier bewahrte man auch die kostbaren Waren und die Kasse auf: Sie wurden des Nachts von ‚Kirchenschläfern' bewacht, das heißt von Kaufleuten, die man in der Kirche einschloss.

Im Norden zeigt die Drehscheibe auf die ‚Deutsche Brücke' in Bergen. In Norwegen lag das Zentrum des Handels mit Trockenfisch. Kabeljau und Dorsch wurden vor den Lofoten gefangen, getrocknet und als ‚Stockfisch' verhandelt. Er war ein

Abb. 2: Die Bank der Novgorodfahrer im Lübecker Dom war gekennzeichnet durch die Figur eines russischen Pelzhändlers mit Zobel und Geldbörse. Wange aus dem Gestühl der Novgorodfahrer, 15. Jahrhundert

wichtiges Nahrungsmittel, vor allem während der Fastenzeit. Direkt am natürlich geschützten Hafen der Stadt lagen lange, schmale Grundstücke mit Höfen, Wohn- und Lagerhäusern. Die „Deutsche Brücke" ist die einzige Niederlassung der mittelalterlichen Kaufleute, die heute noch in ihrer historischen Gestalt erhalten ist.

Im Westen befand sich die deutsche Niederlassung in London unmittelbar an der Themse. Ursprünglich handelte es sich um eine Ansammlung von Wohn- und Lagerhäusern um die Guildhall, einem großen Versammlungshaus, das von Kölner Kaufleuten gegründet worden war. Die Lübecker erhielten im 15. Jahrhundert ein eigenes Haus, den Stalhof (Stiliard), eine Bezeichnung, die dann auf die gesamte Niederlassung überging. Auch hier lebten die Kaufleute in einer fest umschlossenen Einrichtung mit fast klösterlichen Regeln. In dem großen Warenangebot war die „goldene englische Wolle" das wichtigste Handelsobjekt; sie lieferte hervorragende Tuche, die überall begehrt waren.

Anders war die Situation im Südwesten, in Brügge. Hier hatten die Kaufleute die freie Wohnungswahl in der Stadt. Sie wohnten in sogenannten Hostels, deren Besitzer oft auch die Funktion des Handelsmaklers übernahmen. Brügge war Weltmarkt und Kulturzentrum zugleich. Die hier mögliche Freizügigkeit erlaubte den Kaufleuten einen weltoffeneren Lebensstil als in allen anderen Kontoren. Die zentrale Vertretung der deutschen Kaufleute war seit dem 15. Jahrhundert das Haus der *Osterlinge,* das heißt der Leute aus dem Osten.

Die Lübecker Kaufleute reisten mit Fuhrwerken oder Schiffen, sie importierten und exportierten gleichzeitig: in den Osten

Tuche, Wein, Metallwaren und Gewürze, in den Norden westliche Luxus- und Kulturgüter und in den Westen Pelze, Wachs, Teer und Getreide.

Lübeck war im eigentlichen Sinne keine Produktionsstätte für Exporterzeugnisse, sondern lebte in erster Linie vom Umschlag der Waren. Mit einer Ausnahme: Die Stadt an der Trave war im Mittelalter Zentrum der Kunstproduktion. Lübecker Kunstwerke – Schnitzaltäre, Skulpturen und frühe Buchdruckerzeugnisse – wurden vor allem in den Osten und Norden verhandelt. Lübecker Künstler reisten aber auch, um Aufträge vor Ort auszuführen. Im Gegenzug kamen westliche Kunstwerke – zum Beispiel niederländische Altartafeln – nach Lübeck. So bestellten die wohlhabenden Lübecker Kaufleute Hinrich und Adolph Greverade für ihre Privatkapelle im Lübecker Dom einen Passionsaltar bei Hans Memling, einem der bedeutendsten Ma-

Abb. 3: Das Bildnis des Bergenfahrers Hans Sonnenschein ist das früheste für Lübeck überlieferte Kaufmannsportrait ohne religiösen Zusammenhang. Hans Kemmer, Bildnis des Hans Sonnenschein, 1534

ler niederländischer Schulung des ausgehenden 15. Jahrhunderts. Er hatte in Brügge eine vielbesuchte Werkstatt (Abb. 4).

Bereits 1261 besaß Lübeck eine eigene weltliche Schule für die Ausbildung der jungen Kaufleute, eine der ersten Einrichtungen dieser Art in Deutschland. Die St. Jakobi-Stadtschule lag in unmittelbarer Nähe der Jakobikirche. Die allmähliche Verbreitung der Schriftlichkeit erforderte eine spezielle Ausbildung des Kaufmanns und erlaubte ihm zunehmend, vom heimischen Kontor aus mehrere Geschäfte gleichzeitig zu leiten und durchzuführen, ohne dass er selbst seine Waren auf der Reise begleiten musste. Archäologische Grabungen am Ende des 19. Jahrhunderts förderten den sogenannten Schulfund (Abb. 5) ans Tageslicht, der Einblicke in Lerninhalte und Methoden dieser frühen Kaufmannsschule erlaubt.

In den Augen der Kirche war die Tätigkeit des Kaufmanns durchaus zwiespältig. Die auf Gewinn ausgerichtete Lebensführung erschien ihr als eine Gefährdung des Seelenheils. Der Kaufmann war sich dieser Gefahr bewusst. So versuchte er, durch soziales Engagement im Bereich der Stadt Gottes Gunst zu erringen und sich den Einlass ins Paradies zu sichern. Seine Stiftungen, karitativen Einrichtungen und Testamente zugunsten der Bedürftigen waren ein entscheidendes Element der Sozialstruktur der Hansestadt. Noch heute prägen die großen Stiftungshöfe und vor allem das Heiligen-Geist-Hospital, die älteste soziale Einrichtung der Lübecker Kaufleute, das Stadtbild.

Abb. 4: Die reiche Lübecker Kaufmannsfamilie Greverade bestellte bei Hans Memling in Brügge diesen kostbaren Altar für ihre Privatkapelle im Dom. Der Altar steht heute im St. Annen-Museum. Mitteltafel des Passionsaltars von Hans Memling, 1491

Abb. 5: In Lübeck gab es eine der ältesten weltlichen Schulen für die jungen Kaufmannssöhne in Deutschland. In der Kloake der Stadtschule St. Jakobi wurden Ende des 19. Jahrhunderts mehrere Schulgeräte – Wachstafeln, Pritschhölzer und Tintenfässer – gefunden. Schulgeräte aus der St. Jakobischule, 14. Jahrhundert

Der Marktplatz – Zentrum des städtischen Lebens

2. Raum,
2. Obergeschoss,
Südturm
„Der Marktplatz"

Die Lübecker Fernhandelskaufleute siedelten sich auf der Halbinsel zwischen Wakenitz und Trave oberhalb des Hafens an. Städtisches Zentrum war der Marktplatz mit dem Rathaus und der Marienkirche (Abb. 6). Während im Hafen an der Trave der Fernhandel organisiert wurde, war der Markt Mittelpunkt des regionalen und städtischen Handels. Hier wurden Gebrauchswaren und Lebensmittel auf offenen Tischen von den Krämern und Hökern verkauft. Gehandelt wurde zudem in festen Buden um den Markt herum und aus Verkaufskellern heraus.

Eine besondere Stellung nahmen die Goldschmiede ein, deren Buden im Schutze der Rathausarkaden lagen. Silberwaren mit Lübecker Beschau (Stempel) stellten hochwertige Produkte dar, die in der Stadt und im Umland begehrt waren. Mit den kostbaren Gefäßen konnten die Kaufleute ihren Reichtum demonstrieren.

Vor allem aber war der Markt Versammlungsort der Bürgergemeinde, das angrenzende Rathaus Ort der städtischen Verwaltung. Seit 1226 war Lübeck reichsfreie Stadt, das heißt sie war – unabhängig von den umliegenden Territorialfürsten – direkt dem Kaiser unterstellt. Ausdruck dieser Rechtsstellung ist der Türzieher am Portal des Rathauses, der den deutschen Kai-

Abb. 6: Der Holzschnitt schildert detailreich den Regionalhandel und das städtische Leben im Zentrum der Stadt. Unbekannter Künstler: Der Lübecker Markt, um 1630

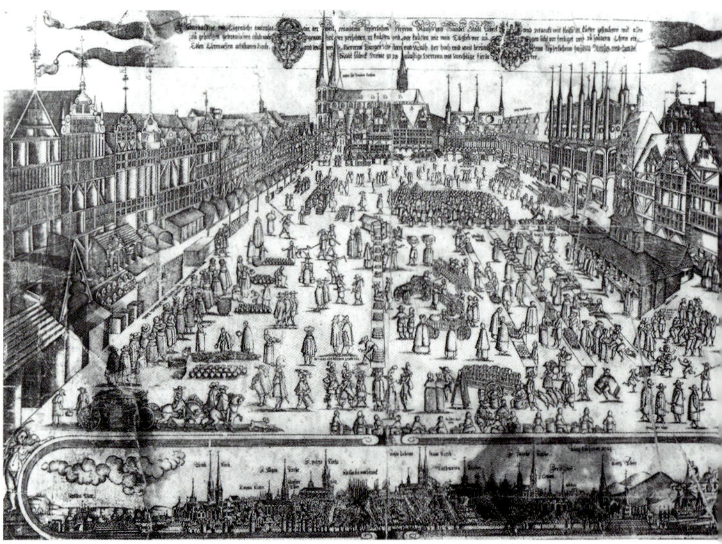

ser, umgeben vom Wahlgremium der sieben Kurfürsten, zeigt (Abb. 7). Noch bis ins frühe 20. Jahrhundert hinein bezogen sich die Lübecker Ratsherren auf diese große Vergangenheit der Stadt. Ihre Tracht lehnten sie an die frühneuzeitliche Gestaltung an (Abb. 8). Wie eng Handel, Regierung und Verwaltung verknüpft waren, zeigt die Präsenz der Ratsherren auf dem Holzschnitt in diesem Ausstellungsraum.

Vom ersten Stock des Rathauses aus verlas ein Vertreter des Rates mehrfach im Jahr die *Bursprake*, die meist durch schweigende Zustimmung der Bevölkerung bestätigt wurde. Es handelte sich um wichtige Mitteilungen, wie zum Beispiel Höhe und Zahlungstermin für anfallende Steuern, Kleider- und Luxusordnungen und die Regelung des Wachtdienstes in der Stadt. Hier musste auch die Zustimmung der Bürger zu Beschlüssen über Bündnisse, Kriege, Münz- und Geldangelegenheiten und anderes mehr eingeholt werden.

Abb. 7: Der bronzene Türzieher symbolisiert die Bedeutung der reichsfreien Stadt. Er zeigt den Kaiser, umgeben vom Wahlgremium der Kurfürsten. Türzieher des Rathauses, 14. Jahrhundert

Abb. 8: Auch im 20. Jahrhundert beriefen sich die Lübecker Ratsherren mit ihrer Tracht auf die große Vergangenheit der Hansestadt. Carl Langhorst: Senator Emil Possehl, 1918

Abb. 9: Unter den Rathausarkaden befindet sich noch heute der Balken der alten Stadtwaage, zu der diese Gewichte gehörten. Gewichte der Stadtwaage, 15. Jahrhundert

Abb. 10 (o.): Mit den Schandschildern wurden die Delinquenten auf dem Markt zur Schau gestellt und dem Hohn und Spott der Bevölkerung ausgesetzt. Auf den Tafeln war die Art ihres Vergehens zu lesen.

Abb. 11: Die Lübecker Ratsapotheke, die unter der Aufsicht des Rates stand, wurde bereits 1412 gegründet. Sie lag einst an der Ecke Breite Straße/ Dr. Julius-Leber-Straße, vormals Johannisstraße. Carl Julius Milde: Die Ratsapotheke, 1855

Der Rat überwachte auch die im Raum Lübeck benutzten Maße und Gewichte. Die Stadtwaage, die auch als Kontrollinstrument diente, war unter den Rathausarkaden angebracht; noch heute ist ihr Waagebalken dort zu sehen (Abb. 9).

Kaak (Pranger) und Schandpfahl bezeugen, dass der Marktplatz auch Schauplatz der ‚niederen Gerichtsbarkeit' war. Hier wurden Prügelstrafen vollzogen und die Missetäter dem Gespött der Menge ausgesetzt, eine Strafe, die die Ehre der Person verletzen sollte (Abb. 10).

Etwas abseits vom Markt lag die alte Ratsapotheke (Abb. 11), die 1412 durch die Zusammenfassung von zwei bis dahin privaten Apotheken gegründet wurde. Sie stand unter der Aufsicht des Rates und war lange Zeit die einzige Apotheke der Stadt. 1546 wurde sie zur Aufbesserung der städtischen Finanzen verpachtet. Hier stellte man nicht nur Medikamente her, sondern auch Marzipan – im Mittelalter ein Stärkungsmittel und beliebte Speise der Oberschicht, die auch in der Fastenzeit erlaubt war.

Das Lübische Recht

Im nordostdeutschen Raum gab es während des Mittelalters zwei bedeutende Stadtrechte: das Magdeburger und das Lübische Recht, die beide weit verbreitet waren.

Das Lübische Recht galt in über 100 Städten; um 1400 standen etwa 250 000 städtische Einwohner unter diesem Rechtssystem. Es wurde auch in den hansischen Niederlassungen in Schonen, Novgorod und Bergen angewandt. Das Lübische Recht war auf die Bedürfnisse des Kaufmanns abgestimmt und legte hohen Wert auf den Schutz des Handelsverkehrs. Selbst das Erb- und Ehegüterrecht orientierte sich an den besonderen Erfordernissen der Kaufleute.

3. Raum, 3. Obergeschoss, Südturm „Das Lübische Recht"

Lübeck war der Sitz des Oberhofes. In Zweifelsfragen konnten sich die Städte, in denen das Lübische Recht verpflichtend war, in Lübeck Rechtsauskunft holen.

Das repräsentative Gemälde des Hans von Hemßen gestattet einen Einblick in eine Sitzung des Obergerichts, dessen Mitglieder sich wöchentlich im Audienzsaal des Rathauses versammelten (Abb. 12). Der Doppeladler über den Köpfen der Ratsherren ist kaiserliches Symbol und zugleich Symbol der reichs-

Abb. 12: Das Gemälde stellt eine Sitzung des Obergerichts im Audienzsaal des Lübecker Rathauses dar (vgl. großes Bild Seite 12/13). Hans von Hemßen, Sitzung des Obergerichts, 1625

freien Stadt. Ein großer Doppeladler zierte auch das Renaissance-Vortor der Holstentoranlage, um dem Ankommenden die Bedeutung der reichsfreien Stadt vor Augen zu führen (Abb. 13).

Die Rechtsprechung des Rates schloss auch die Halsgerichtsbarkeit mit ein. Richtstuhl und Richtschwert zeugen von den Todesstrafen, die vor dem Burgtor vollzogen wurden. Nur in Ausnahmefällen fand die Hinrichtung auf dem Markt statt und zwar nur, wenn es sich bei dem Todeskandidaten um eine politisch bedeutsame Person handelte. Die Folterinstrumente – die Streckbank und der spanische Mantel – sind Zeugnisse der ‚peinlichen' Befragung der Gefangenen, das heißt der schmerzvollen Erpressung eines Geständnisses. Meist fand sie in der Fronerei in der Nähe des Marktes statt (Abb. 14).

Abb. 13: Der große Lübecker Doppeladler war an der Feldseite des Renaissancetores angebracht, das dem jetzigen Holstentor unmittelbar vorgelagert war. So wurde jeder Besucher beim Eintritt in die Stadt mit dem Hoheitszeichen Lübecks konfrontiert. Lübecker Doppeladler, 16. Jahrhundert

Abb. 14: Die Streckbank diente der ‚peinlichen' Befragung, das heißt der schmerzvollen Erpressung von Geständnissen und sollte die Bürger von Untaten abschrecken. Streckbank, 16. Jahrhundert

Die Repräsentation des Kaufmanns

Seine bedeutende Stellung in der Stadt dokumentierte der Lübecker Kaufmann unter anderem durch die Außen- und Innenarchitektur (Abb. 15) seines Hauses. Die meisten der bedeutenden Kaufmannshäuser aus dem Mittelalter und der frühen Neuzeit liegen noch heute im Bereich zwischen Marienkirche und Hafen. Zentrum des Lübecker Kaufmannshauses ist die große Diele (Abb. 16), die bis zur Mitte des 18. Jahrhunderts multifunktional genutzt wurde: Sie war Ort des Handels, des häuslichen Lebens und der Repräsentation. In den Stockwerken darüber lagerten bis ins 18. Jahrhundert die Waren. Man wohnte in dem für Lübeck typischen Flügelanbau, der die schmalen, aber langen Grundstücke in der Tiefe nutzte. In der zweiten Hälfte des 18. Jahrhunderts wurden durch den Bau zahlreicher neuer Stapelhäuser am Hafen die Funktionen stärker differen-

*4. Raum,
3. Obergeschoss,
Mitteltrakt
„Die Repräsentation des Kaufmanns"*

*Abb. 15:
Typisch für die repräsentativen Kaufmannshäuser sind die hohen Fenster der Diele, die die Fassade im Erdgeschoss gliedern.
Kaufmannshaus, Mengstraße 27*

Abb. 16: Die große Diele ist ein typisches Beispiel für die repräsentative Wohnkultur der Kaufleute. Diele des Lübecker Schabbelhauses, Mengstraße 36

ziert. Die Waren lagerten nun am Hafen, Kontor und Wohnbereich blieben im Kaufmannshaus.

In Wort und Bild wurden vielfach große Festessen dokumentiert. Sie dienten vor allem dazu, dem Reichtum und der hohen sozialen Position der Kaufleute nach außen Ausdruck zu verleihen. Im Jahre 1502 gab sich der Lübecker Rat auf der Olafsburg ein zweitägiges Festgelage, das aus den in 24 Jahren angesammelten Strafgeldern finanziert wurde. Die erhaltenen Abrechnungen der Schafferei für dieses Schauessen geben Auskunft über die Speisefolge, die Kosten und die Ausstattung:

Ein Mahl mit sechs Trachten, das heißt Gängen, leitete die Feier am Sonntagmittag ein:

1. Tracht: vier Schüsseln Schinken
   vier Schüsseln Rinderbraten
   Senf und Oliven
2. Tracht: gesottener Wildbraten
3. Tracht: geschnittenes Schaffleisch mit Gewürzpulver

Abb. 17:
Der Maler Wilm Dedeke nimmt die alttestamentarische Szene aus dem Buch Esther zum Anlass, ein mittelalterliches Festessen mit Prunkgeschirr und Langtrompeten darzustellen. Gastmahl des Ahasver, Detail des Fronleichnamsaltars, 1496

4. Tracht: Potthast (eine Art Gulasch) mit Rosinen, Mandelmus und heidnische Kuchen
5. Tracht: ein gebratenes vergoldetes Rinderherz mit Orangen, ein Schwan im Federkleid mit kaiserlichem Wappen, ein Pfau im Federkleid, ebenfalls mit Wappen auf der Brust
6. Tracht: Gebäck, Butter, Käse, Lübeckischer Kuchen, Äpfel, Aniskonfekt, Nüsse

Dazu wurde den Herren Hamburger und Einbecker Bier sowie Weine aus dem Rheinland und der Gascogne ausgeschenkt, den Damen hingegen Dünnbier.

Hinter den Ratsherren erhob sich die Kredenz mit dem kostbaren Ratssilber. Man benutzte es nicht, sondern demonstrierte damit Glanz und Reichtum. Das Fest wurde von Musik begleitet, wie es die Luxusordnungen dem Kaufmannsstand erlaubten; Langtrompeten aus dieser Zeit sind erhalten (Abb. 18). Auf dem Fronleichnamsaltar des St. Annen-Museums ist ein solches spätmittelalterliches Festessen dargestellt, allerdings eingebettet in eine alttestamentarische Szene (Abb. 17).

Auch in den Kirchen stellte sich der Kaufmann selbst dar durch Altarstiftungen und Epitaphien (Grabdenkmale). Sie dienten dem Seelenheil und der Erinnerung an die Verstorbenen, waren aber durchaus auch ein Mittel der Repräsentation.

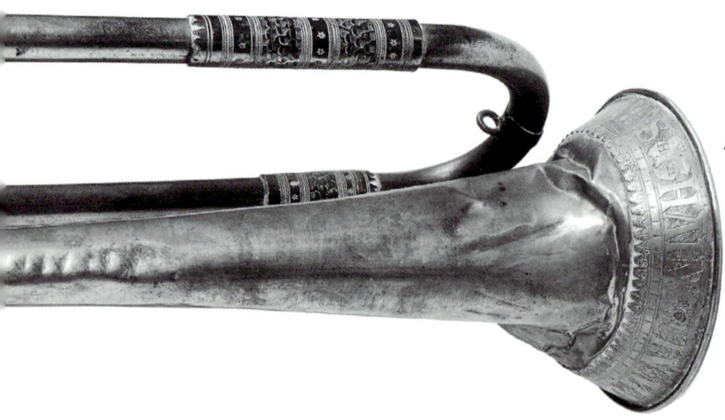

Abb. 18: Die reichen Schauessen der Lübecker Kaufleute waren von Musik begleitet. Trompeten dieser Art benutzte man bereits im Mittelalter. Langtrompete, 1654

Die Schifffahrt – Weg zu den Märkten der Welt

5. und 6. Raum, 3. Obergeschoss, Nordturm „Die Schifffahrt – Weg zu den Märkten der Welt"

Die Seeschifffahrt war das entscheidende Element des Lübeckischen Handels und damit Grundlage des Reichtums. Lübecks älteste Siegel (Abb. 19) zeigen bezeichnenderweise einen Kaufmann und einen Seemann in einem genossenschaftlichen Verhältnis: Der Schiffer deutet mit dem Schwurfinger auf den Kaufmann vorne im Schiff, der die Rechte zum Eid erhoben hat.

Die Ausstellung zeigt die wichtigsten Schiffstypen, die für Lübecks Seehandel im Laufe der Geschichte von der Hansezeit bis ins 18. Jahrhundert von Bedeutung waren: darunter die Kogge (Abb. 19), das Kraweel, die Karacke (Abb. 20), die Pinasse, die Bark und die Brigg. Die Schiffstypen veränderten sich im Laufe der Zeit, sie mussten dem zunehmenden Handel mit Massengütern angepasst werden. Die Kogge des späten 15. Jahrhunderts hatte eine Zuladung von etwa 90 Tonnen; das Kraweel des 16. Jahrhunderts bis zu 300 Tonnen, in der Spanienfahrt des 17. Jahrhunderts waren Schiffe mit Zuladungen von 400 Tonnen unterwegs.

Navigationsgeräte wie der Kompass fanden seit dem 15. Jahrhundert stärker Verwendung. Zuvor beruhte der Schiffsverkehr im Wesentlichen auf der persönlichen Erfahrung der Schiffer, unterstützt durch Kenntnisse der Sternkunde und durch das Lot, das älteste nachweisbare Navigationsgerät überhaupt. Das Lot bestimmte die Wassertiefe und die Bodenbeschaffenheit. Seehandbücher sind im Norden erst im 16. Jahrhundert zu fassen; sie fanden durch die Arbeiten der Niederländer weite Verbreitung (Abb. 21). Auch Seekarten erlangten im 16. Jahrhundert für Nord- und Nordwesteuropa Bedeutung. Aufgrund ungenauer Messungen waren sie jedoch unzuverlässig. Erst nach dem Niedergang der Hanse kamen vermehrt nautische Geräte in Gebrauch.

Abb. 19: In der Kogge sind ein Lübecker Kaufmann und ein Seemann zu einer Schwurgemeinschaft vereint. Lübecker Siegel, 1256

So war die Seeschifffahrt mit großen Gefahren belastet: Unwetter drohten den Schiffen; Schiffsunglücke sind mehrfach in Lübecks Kirchen dargestellt, so vor allem in St. Jakobi, der Kirche der Schiffer.

Abb. 20: Die „Adler von Lübeck", eines der damals größten Schiffe, wurde für den Siebenjährigen Krieg gegen Schweden gebaut. Bei der entscheidenden Schlacht vor Gotland kam sie jedoch nicht mehr zum Einsatz. Nach dem Krieg wurde sie umgebaut und als Kauffahrtschiff verchartert. Die Karacke „Adler von Lübeck", Rekonstruktion des Schiffes von 1566

Ebenso brauchte man Schutz gegen die sich ausbreitende Piraterie. Die Handelsschiffe fuhren deshalb meist im Konvoi, in Fahrtgemeinschaften von zwei bis drei Schiffen, oftmals von Kriegsschiffen begleitet. In Zeiten großer Gefährdung gab es besondere Regelungen: 1477 zum Beispiel mussten größere Handelsschiffe 20 Bewaffnete an Bord haben.

Der mittelalterliche Seemann rief in Bedrängnis auf hoher See den Schutzheiligen Sankt Nikolaus an, der der Legende nach Schiffbrüchige aus höchster Not errettet hatte (Abb. 22). Er ist auch einer der Patrone der Lübecker Schiffergesellschaft. Sie ging aus der Nikolausbruderschaft hervor, die sich 1401 im Burgkloster zusammentat. 1535 schlossen sich die Mitglieder der Nikolaus- und der St. Annen-Bruderschaft sowie der Schiffer anderer kaufmännischer Fahrtrichtungsgenossenschaften (Schonen-, Bergen-, Novgorod- und Rigafahrer) zur Schiffergesellschaft zusammen, die zu „Nutz und Wohlfahrt des gemeinen seefahrenden Mannes und zum Trost der Armen" gegründet wurde. Sie diente dem Seelenheil der auf See Verbliebenen und der Unterstützung der Witwen, und sie pflegte zugleich das gesellschaftliche Leben – dies vor allem in der fahrtfreien Zeit im Winter. Noch heute nimmt die Schiffergesellschaft karitative Verpflichtungen wahr. Seit 1868 befindet sich in dem ehemaligen Versammlungshaus ein Restaurant, das den historischen Rahmen weitgehend bewahrt hat.

Vor allem der Seeweg war für Lübecks Fernhandel entscheidend. Er musste aber zwangsläufig durch den Landtransport ergänzt werden. Über die Art dieses Transportweges geben schriftliche Quellen, bildliche Darstellungen und archäologische Funde Auskunft. Das übliche Mittel für den Ferntransport war der vierrädrige Wagen, von vier bis acht Pferden gezogen, während für kurze Transporte auch der zweirädrige Karren benutzt wurde. Der Weg über Land, der in der Regel beschwerlicher und durch

Abb. 21: Im Ostseeraum wurden ab dem 16. Jahrhundert Seehandbücher allgemein gebräuchlich. Besonders die Niederländer zeichneten sich durch die Herausgabe dieser Handbücher aus. Lucas Janß Waghenaer, Van den Spieghel der Zeevaert, Amsterdam 1590

die vielen Wegezölle teurer war, führte z. B. zu der wichtigen Messestadt Frankfurt am Main und in die wohlhabende Kaiserstadt Nürnberg. Die Lübecker brachten vor allem Hering, Stockfisch, Pelze und z. B. auch Jagdfalken aus Island. Sie kauften dafür in erster Linie italienische und über Italien vermittelte Waren wie Samt und Seide sowie Gewürze und Edelmetalle.

Abb. 22: St. Nikolaus ist der Patron der Seefahrer. Er wurde in Seenot angerufen, da er der Legende nach Schiffbrüchige gerettet haben soll. Der Heilige Nikolaus, Fragment eines Altars aus der Katharinenkirche, um 1500

Lübeck – die ziegelrote Handelsstadt

7. Raum, 2. Obergeschoss, Mitteltrakt „Lübeck – die ziegelrote Handelsstadt"

Sichtbarer Ausdruck des Reichtums der Hansestadt sind die großen Backsteinbauten, die im Mittelalter und in der frühen Neuzeit entstanden und die noch heute das Stadtbild prägen.

Seit dem verheerenden Brand im Jahre 1276 wurde der Steinbau für die Brandmauern verpflichtend. Man konnte dabei auf das natürliche Baumaterial – den Ton – zurückgreifen, das in der unmittelbaren Umgebung von Lübeck gewonnen und in zahlreichen Ziegeleien zu Backstein verarbeitet wurde. Sie lieferten auch das Material für die Großbauten der Stadt. Im 13. und frühen 14. Jahrhundert, als alle Kirchen dem Zeitgeist entsprechend umgebaut und rund 1 000 Bürgerhäuser aus Stein neu errichtet wurden, müssen wir uns Lübeck als ausgedehnte Großbaustelle vorstellen.

Das Stadtmodell, das 1934 von Schülern der Oberschule zum Dom unter der Leitung ihres Kunsterziehers Asmus Jessen erarbeitet wurde, zeigt eine idealisierte Ansicht der Stadt im 17. Jahrhundert (Abb. 23). Wie bei dem Holzschnitt von Diebel, an dem sich die Schüler orientierten, beherrschen die hoch aufragenden Türme der Kirchen das Stadtbild.

Weniger auffallend, dennoch von großer Bedeutung für die Architektur der Stadt, sind die Klöster mit ihren Kirchen: das St. Johannis-Kloster der Benediktiner, später der Zisterzienserinnen, das Kloster St. Katharinen der Franziskaner, das Burgkloster St. Maria Magdalena der Dominikaner und das St. Annen-Kloster der Augustinerinnen, eine Gründung der Lübecker Kaufleute für die Unterbringung ihrer unverheirateten Töchter.

Deutlich abzulesen sind die drei Zentren der Stadt: der Markt mit dem Rathaus und der Marienkirche als Mittelpunkt des städtischen Lebens, der bischöfliche Bezirk mit dem Dom im Süden und der Burgbereich im Norden.

Das Modell zeigt ferner die besondere Struktur der Hansestadt: Zwei Achsen durchziehen sie von Norden nach Süden; nahezu rechtwinklig laufen von dort aus die kleineren Straßen zur Wakenitz und zur Trave hinunter. Zu den bedeutenden Backsteinbauten gehören auch die Stiftungseinrichtungen und -höfe der Kaufleute, die das soziale Leben, aber auch die Architektur der Stadt prägten. Nicht zuletzt aber bestimmen seit dem 14. Jahrhundert die gotischen Stufengiebel das Bild der Stadt.

Das Modell veranschaulicht, wie weit das Befestigungssystem der Stadt im 17. Jahrhundert ausgebaut war. Im Bereich

Abb. 23: Lübecker Schüler bauten 1934 das große Stadtmodell, das die Hansestadt im 17. Jahrhundert zeigt. Zu diesem Zeitpunkt war das sternförmige Befestigungssystem vollständig ausgebaut. Stadtmodell, 1934

der Trave mit dem Hafen, der eines besonderen Schutzes bedurfte, war ein sternförmiges Bastionssystem mit Wällen und Wassergräben errichtet. Im Osten stellte die Wakenitz und ihr morastiges Hinterland einen natürlichen Schutz dar.

Der Besucher der Stadt hatte in jeder Himmelsrichtung Zugang durch je eine Toranlage, die mehrfach abgesichert war: im Norden das Burgtor, im Westen das Holstentor, im Süden das Mühlentor und im Osten das Hüxtertor. Hier am Hüxtertor lagen auch die Türme der Wasserkünste, die die Stadt mit ihren verschiedenen Zünften mit Wasser versorgten. Sie waren speziell für die Brauer, die das im Mittelalter so wichtige Bier herstellten, angelegt worden. Das Wasser war nicht trinkbar.

Abb. 24: Lübeck wurde erst zu Beginn des 19. Jahrhunderts von den napoleonischen Truppen eingenommen. Unbekannter Maler, Schlacht vor dem Burgtor, nach 1806

Der Schutz der Stadt – Wehranlagen und Bürgerpflicht

Heute ist das Holstentor das Wahrzeichen der Stadt und symbolisiert die einstige Macht der Handelsmetropole. Die ursprünglich militärische Funktion des Holstentores im Rahmen der Verteidigung wird dem heutigen Besucher weniger bewusst.

Ein Dokument von 1526 aus dem Archiv der Hansestadt Lübeck vermittelt einen Eindruck von der Geschützausrüstung des Tores: „... zum ersten das Holstentor, dort liegt an Geschützen zum ersten eine halbe Schlange von geschmiedetem Eisen mit zwei Kammern und eine halbe Schlange von gegossenem Eisen mit zwei Kammern und eine Viertelschlange mit zwei Kammern und vier Steinbüchsen mit zehn Kammern, dazu noch zwei Passener mit drei Kammern, die sind aus geschmiedetem Eisen. Weiter sind noch auf dem selben Tor an Geschützen drei eiserne Potthunde mit fünf Kammern und acht Serpentina mit zwanzig Kammern, dazu noch sechs Serpentina mit eisernen Stielen und mit vierzehn Kammern und zweiundzwanzig Haken mit hölzernen Stielen.“

8. Raum, 1. Obergeschoss, Nordturm „Der Schutz der Stadt“

Abb. 25: Nach dem Abzug der französischen Truppen wurde das Militärwesen neu geordnet. Am 12. Januar 1814 gründete sich die Lübecker Bürgergarde aus Bürgern aller Stände. Christian Wilhelm Peter Stolle, Lübecker Bürger-Militär, 1837

Insgesamt handelte es sich wohl um 48 Schusswaffen; die heute fremdartig klingenden Namen bezeichnen unterschiedliche Geschütztypen.

Im Mittelalter gehörte es zu den Bürgerpflichten, zum Schutz der Stadt beizutragen. Die Bürger mussten regelmäßig Wachtdienste übernehmen. Dieser Wacht- und Bereitschaftsdienst führte im 14. Jahrhundert zur Aufteilung der Stadt in Viertel. Jeder Bürger hatte für Harnisch und Waffen zu sorgen, die bei seinem Tod an die männlichen Nachkommen fielen. Die Ausrüstung bestand in der Regel aus Sturmhaube, Brustpanzer oder Kettenhemd; als Wärme- und Körperschutz dienten dick wattierte Röcke. Für den Nahkampf standen Streitkolben, Hellebarden und Dolche bereit.

Tatsächlich angegriffen wurde Lübeck erst 1806, als die napoleonischen Truppen die Stadt von Norden her einnahmen (Abb. 24). Bis 1813 stand die Hansestadt unter französischer Besatzung.

Nachdem die Franzosen Lübeck verlassen hatten, wurde 1814 die Bürgergarde gegründet (Abb. 25). Nach der Verordnung des Rates vom 21. September stellte man nach dem Straßensystem von Lübeck vierzehn Kompanien auf. Zum Dienst in der Bürgergarde war jeder Einwohner verpflichtet, oder er musste einen Beitrag zu ihrer Finanzierung leisten. Die Bürgergarde wurde 1867 aufgelöst.

Das Holstentor – Wehrbau und Symbol

Für den Besucher der Stadt Lübeck ist heute nicht mehr ersichtlich, dass das Holstentor Teil einer umfassenden Toranlage war. Ein Modell im Zentrum des Raumes rekonstruiert die vollständige Toranlage, die ein Teil des Verteidigungssystems der Stadt darstellte. Im Rahmen dieser Toranlage kam dem mittleren Tor, dem heutigen Holstentor, von Beginn an mehr als eine militärische Bedeutung zu. Es symbolisierte die Reichsfreiheit der Stadt und unterstrich diese hohe Bedeutung auch durch die Baumaterialien, wie glasierte Ziegel und Terrakotta-Schmuckbänder.

9. Raum, 1. Obergeschoss, Mitteltrakt „Das Holstentor"

Allerdings wurde das prachtvolle Tor im 16. Jahrhundert durch den Bau eines neuen Walls und eines neuen, repräsentativen Vortores verdeckt. Erst 1853, als das Vortor abgerissen wurde, war es wieder frei zu sehen und erlangte seine frühere prominente Stellung.

Für die Künstler der Romantik, die den Blick zurück in das Mittelalter wandten, wurde das Holstentor zum Inbegriff der einstigen Größe der Hansestadt. Im 19. Jahrhundert entstand eine Fülle von Ölgemälden, Grafiken und Gebrauchsgegenständen, die ein verklärtes Bild des inzwischen recht ruinösen Baus wiedergeben. Im Biedermeier, das sich in die kleine heimische Welt zurückzog, schmückte es Sammeltassen, Vasen und Blumentöpfe. Es erschien auf Stickbildern, Briefköpfen, Einla-

Abb. 26: In der Zeit des Biedermeier wurde das Holstentor häufiges Motiv auf Sammeltassen, Blumentöpfen und Vasen. Sammeltasse, Mitte 19. Jahrhundert

Abb. 27: Jubiläumspokal der Lübecker Firma Buck & Willmann, 1897, nach einem älteren Entwurf von Carl Julius Milde

dungen und wertvollen Pokalen, die zu Ehren von Lübecker Bürgern angefertigt wurden (Abb. 26, 27).

Trotz aller romantischer Verklärung aber stellte das Holstentor für die aufstrebende Stadt ein Verkehrshindernis dar, denn es versperrte den direkten Zugang zum Zentrum. Nach dem äußerst knappen Entscheid des Senats für den Erhalt des Tores 1854 knüpfte die Stadt als eigenständiger Staat nach der Gründung des Deutschen Reiches an die spätmittelalterliche Symbolik des Holstentors wieder an. Es wurde wiederhergestellt und mit den geschichtsträchtigen Buchstaben S.P.Q.L. (Senatus populusque Lubicensis) versehen, die Lübeck mit der einstigen Größe Roms verglichen (S.P.Q.R. = Senatus populusque Romanus).

1934 wurde damit begonnen, das Holstentor zu einer nationalen Ruhmes- und Ehrenhalle umzugestalten. Der mittelalterliche Bau sollte mit Wandmalereien ausgestattet werden, die die deutsche Geschichte und die nationalsozialistische Bewegung verherrlichen. Nach dem Krieg entfernte man die bereits begonnene Malerei wieder und richtete im Holstentor ein stadtgeschichtliches Museum ein.

Die überregionale Bedeutung des Holstentores spiegelt sich in der Tatsache, dass es zum Motiv des 50-DM-Scheines gewählt wurde (siehe S. 60, Abb. 1) und seit 1931 mehrfach auf Briefmarken erschien. Auch national und international berühmte Künstler wählten das Tor im 20. Jahrhundert als Motiv, darunter Edvard Munch (Abb. 28), Alfred Mahlau, Horst Janssen und Andy Warhol.

In unserer Zeit ist das Holstentor zum Stadtsymbol schlechthin geworden. Es ist Logo des Städtetages, Firmensymbol und Werbeträger für Produkte aller Art.

Abb. 28: Der Norweger Edvard Munch hielt sich mehrfach in Lübeck im Hause seines Mäzens Dr. Linde auf. Seine Radierung gilt als eine der bedeutendsten Darstellungen des Holstentores im 20. Jahrhundert. Edvard Munch, Holstentor und Salzspeicher, 1903

819 erste slawische Burganlage von Alt Lübeck am Zusammenfluss von Trave und Schwartau

1072 Der Name „Liubice" wird in der Chronik des Adam von Bremen genannt.

1138 Zerstörung von Alt Lübeck (Burg und Siedlung eines christlichen Slawenfürsten) durch heidnische Slawen

1143 Gründung der deutschen Stadt „Lubeke" durch Graf Adolf II. auf der geschützten Halbinsel zwischen Trave und Wakenitz

um 1150 Erwähnung einer Marktkirche

ab 1159 nach einem Brand: geplante Neubegründung mit Markt und Marienkirche als Zentrum; wirtschaftlicher Aufschwung; starkes Bevölkerungswachstum auch durch westfälische und niederrheinische Zuwanderer

1160 Das Bistum Oldenburg (Holstein) wird nach Lübeck verlegt. Beginn des Dombaus.

1181 Nach Heinrich dem Löwen, Herzog von Sachsen, wird Kaiser Friedrich Barbarossa Stadtherr, der Lübeck bald mit Land, rechtlichen und wirtschaftlichen Privilegien ausstattet.

1201 erstmalige Erwähnung des Rates

1226 Abkommen zwischen Lübeck und Rostock über gegenseitige Zollfreiheit

1226 Reichsfreiheitsprivileg durch Kaiser Friedrich III. („freie Reichsstadt" – nur dem Kaiser untertan). Lübeck bleibt 711 Jahre, bis 1937, freie Reichsstadt.

um 1230 erster Vertrag zwischen Lübeck und Hamburg

1230 Baubeginn des ersten Rathauses, das um 1340–1350 weitgehend neu errichtet wird

1250/60 Umbau St. Mariens zur Hallenkirche

1251/76 Nach verheerenden Stadtbränden verordnet der Rat den Bau von Häusern mit Backsteinen anstelle von Holz; bis 1400 entstehen 1000 Bürgerhäuser.

1259 Lübeck, Wismar und Rostock schließen einen Schutzvertrag gegen See- und Straßenräuber. Geburtsstunde des Wendischen Quartiers und der Hanse. Erweiterung 1264 mit dem Beschluss, jährlich über gemeinsame Anliegen zu beraten

1266–1277 Bau des basilikalen Umgangschors am Dom

1275/80–1330 Umbau St. Mariens zu einer Basilika mit Umgangschor und Kapellenkranz, 1351 Vollendung der Türme

1279 Der dänische König Erich V. verleiht Lübeck neben Rostock, Stralsund, Greifswald und Stettin Zollfreiheit für einen Markt auf Seeland.

1286 Der Neubau des Heiligen-Geist-Hospitals am heutigen Standort wird fertiggestellt.

ab Ende 13. Jahrhundert Fernkaufleute stellen ausschließlich die Ratsmitglieder.

13.–16. Jahrhundert wirtschaftliche und diplomatische Vorrangstellung Lübecks unter den Hansestädten („hovet der hense"), jedoch bereits ab dem späten 14. Jahrhundert wirtschaftliche Einbußen durch Verlagerung der Wirtschaftsräume und Handelswege

nach 1335 Umbau des Doms zur dreischiffigen Halle, 1341 Weihe

1343 König Magnus von Schweden und Norwegen bestätigt die Vorrechte der deutschen Kaufleute im norwegischen Bergen und auf den alljährlichen Märkten von Schonen.

1349/50 erstmaliges Auftreten der Pest in Lübeck (ebenso in ganz Nordeuropa)

1356 Erster allgemeiner Hansetag; damit beginnt die Entwicklung der Städtehanse, der Hansetag trifft die maßgeblichen Entscheidungen für die Gemeinschaft.

1358 erster Hansetag in Lübeck

1367–1385 Kölner Föderation: Der Hansetag in Köln schließt ein Bündnis gegen Dänemark.
1370 Friede von Stralsund. Sieg der Hanse über Dänemark. Dänemark muss der Hanse umfangreiche Zugeständnisse machen und Handelsprivilegien garantieren.
1380/84 bürgerliche Unruhen durch den Ausschluss der Handwerker vom Rat der Stadt ohne Änderung der bestehenden Machtverhältnisse
1408 Verfassungskrise in Lübeck; Der „Neue Rat" unter Beteiligung der Handwerker übernimmt die Stadtregierung. Der „Alte Rat" geht ins Exil.
1416 Nach acht Jahren Regierung des „Neuen Rats" unter Beteiligung der Handwerker kehrt der „Alte Rat" zurück.
1418 Die Vorrangstellung Lübecks wird mit den Hansischen Statuten offiziell anerkannt.
1464–1478 Bau des Holstentores durch Stadtbaumeister Hinrich Helmstede
1491 Der berühmte Maler Hans Memling vollendet in Brügge einen Passionsaltar für die Privatkapelle der Lübecker Kaufmannsfamilie Greverade im Dom (heute im St.-Annen-Museum).
1504 Gründung des St.-Annen-Klosters
1529/31 Einführung der Reformation
1533–1536 Grafenfehde. Bürgermeister Wullenwever versucht vergeblich, durch einen Krieg gegen Holland, Dänemark und Schweden, wieder die Vorrangstellung Lübecks zu erzwingen.
1535 Gründung der Schiffergesellschaft durch die Mitglieder der St. Nikolaus- und St. Annen-Bruderschaften sowie der Schonen-, Bergen-, Novgorod- und Rigafahrer: „zu Nutz und Wohlfahrt des gemeinen seefahrenden Mannes und zum Trost der Armen"
1557 Hansetag in Lübeck: Versuch einer umfangreichen Reorganisation der Hanse
1563/70 Nordischer Siebenjähriger Krieg (Lübeck mit Dänemark gegen Schweden); letzter ehrenvoller, aber erfolgloser Seekrieg der Stadt
1565 Baubeginn des Kriegsschiffes „Adler von Lübeck" für den Siebenjährigen Nordischen Krieg gegen Schweden, das jedoch nicht mehr rechtzeitig zum Ende des Krieges 1570 fertig war.
1669 Letzter Hansetag: Lübeck, Bremen und Hamburg nennen sich weiterhin Hansestädte.
1806 Einnahme der Stadt durch napoleonische Truppen
1806–1813 wirtschaftlicher Niedergang in der Zeit der französischen Besatzung in Folge des preußisch-französischen Krieges
1811–1813 Lübeck gehört zum französischen Kaiserreich; Befreiung im Dezember 1813
1853 Gründung der Handelskammer aus dem Zusammenschluss der teilweise über 400 Jahre alten Kaufleutevereinigungen
26. 3. 1942 Große Teile der Altstadt durch Bomben vernichtet; danach als Nachschubhafen für Rotkreuzsendungen von weiteren größeren Angriffen verschont.
1945–1948 durch Kriegsfolgen und Lage an der Zonengrenze Lähmung von Wirtschaft und Verkehr; Zustrom von ca. 100 000 Vertriebenen
1974 Bildung der Städtearbeitsgemeinschaft Bamberg-Lübeck-Regensburg in Fragen der Stadtsanierung und Denkmalpflege; Wiederaufbau der Kirchen abgeschlossen
1987 Aufnahme der mittelalterlichen Altstadt in die Welterbeliste der UNESCO unter besonderer Würdigung der markanten Stadtsilhouette, der vorindustriellen Bausubstanz und des archäologischen Bestandes
1989 Gründung des Neuen Hansebundes unter Vorsitz von Lübeck

Glossar

Dieses kurze Glossar soll einen tabellarischen Überblick über die in der Gotik am häufigsten verwendeten Architekturelemente und ihre Bedeutung geben. Die Definitionen sind gebräuchlichen Architekturlexika entnommen (siehe S. 57, Anm. 8).

Peter W. Kallen

Arkade Über Pfeiler oder Säulen gespannter Bogen bzw. die Abfolge solcher Bogenstellungen.

Baldachin Dachartiger Aufbau auf Stützen; in der Gotik spricht man bezüglich des systematischen Abfolge der auf den Diensten ruhenden Kreuzrippengewölbe von einem Baldachinsystem.

Basilika Drei- oder fünfschiffige Kirche oder Baukörper mit einem über die Seitenschiffe erhöhten Mittelschiff, das durch Fenster im Obergaden direkt belichtet wird. Neben den Kirchenbauten auch bei Bahnhofhallen und frühen Kaufhausgroßbauten eingesetzt.

Bauhütte Werkstattverband von Bauleuten (Steinmetz, Baumeister/Architekt, Maurer, Zimmermann etc.) an mittelalterlichen Großbaustellen wie bei Domen, Kathedralen und Rathäusern mit eigener Ordnung und kleiner Rechtsprechung.

Birnstab Formelement als Rippe oder Dienst mit birnenförmigem Querschnitt.

Blatt Spitzbogig zulaufendes, gotisches Zierelement, das immer in Gruppen auftretend zur Verzierung von krummlinig begrenzten Flächen wie Bogenfelder oder zur Füllung von quadratischen Flächen eingesetzt wurde. (Dreiblatt; Vierblatt etc.).

Blendbogen Ein als Blende vor die Mauer gelegter Bogen.

Taustab Zierelement aus Formsteinen. Der einzelne Formstein wird dabei so geschnitten, das eine Vielzahl von leicht schräggestellten Stäben auf dem Ziegelkern liegt. Durch die versetzte Vermauerung des Formsteines entsteht die gedrehte Flechtung eines Schiffstaues.

Pass Kreis, der durch mehrere Kreisbögen aufgeteilt ist. Bei einer Dreiteilung spricht man von einem Dreipass, bei Viererteilung in Form eines Kleeblattes vom Vierpass etc.

Deutsches Band Einfache oder doppelte Lage schräggestellter Ziegel, so dass sie mit einer Kante der Schmalseite zur Mauerflucht stehen. Bei der doppelten Reihe liegen die Kanten jeweils versetzt.

Chor Östlicher Abschluss einer Kirche. In kleineren Kirchen häufig als halbrunde Apsis angeschlossen, das Chorpolygon ist im Gegensatz zur Apsis ein vieleckig gebrochener Abschluss. Bei den großen Kathedralen und Stadtkirchen werden mehrere Chorkapellen zu einem Kapellenkranz zusammengeschlossen, der über einen Chorumgang erschlossen wird. In der Marienkirche ist der Chorumgang erstmalig in der Backsteingotik mit dem Kapellenkranz zu einer konstruktiven Einheit zusammengezogen.

Dienst Schlanke, halb- oder dreiviertelrunde Säule die vor Pfeilern oder Wänden hochgeführt wird. Die Aufgabe ist das Abstützen der Druckkräfte der Rippen-, Gurtbögen (-> Gewölbe) oder Arkadenbögen. Werden sie zu mehreren kombiniert, spricht man von einem Dienstbündel.

Dom Sitz und Kirche des Bischofs und des Domkapitels ->Kathedrale.

Fächergewölbe -> Gewölbe.

Farbigkeit Über die originale Farbigkeit der Backsteingotik im Äußeren ist wenig oder gar nichts bekannt. Die Großbauten der Kirchen hatten vermutlich eine farbige Fassung in Form von Tünchen oder

Schlämmen. Aus den geringen Resten der Farbfassungen lässt sich jedoch keine zusammenhängende Farbigkeit der gotischen Architektur vergleichbar den Innenräumen rekonstruieren. Rathaus und andere Repräsentationsbauten besaßen farbig glasierte Ziegel oder eine Bänderung aus der Abfolge von verschiedenfarbigen Ziegeln. Sicher ist, dass die verputzten und gekalkten Nischen der Blindfenster in den Hochnischen eine farbigen Akzent bildeten. Ob darüber hinaus weitere Farben hinzukamen und eine bunte Farbigkeit erzeugten bleibt ungewiss. Darf man aber den Tagebüchern einer mittelalterlichen Delegation aus dem fernen Reval nach Rom Glauben schenken, so beeindruckte das Rot, die Massigkeit und Dichte der Lübecker Backsteinbauten bis jenseits der Alpen die Reisegruppe und verblasste erst dort durch das Licht und die Bauten der Campagna langsam.

Fassung Farbige Bemalung von Architektur oder Teilen der Architektur oder Skulpturen.

Fiale Schlankes spitz zulaufendes Türmchen.

First höchste Begrenzungslinie eines Satteldaches.

gebundenes System Raumsystem in einer gewölbten Basilika. Einem quadratischen Mittelschiffjoch entsprechen zwei ebenfalls quadratische Seitenschiffjoche von halber Kantenlänge.

Gesims Waagerechtes Bauelement zur Gliederung der Architektur.

Gewölbe Eine gekrümmte Raumdecke aus Natur- oder Backstein, die sich in echte oder unechte Gewölbe (hierzu zählen Gewölbe aus Holz und Stuck) unterscheiden. Gewölbe können aus einer tragenden Gewölbeschale (Tonnengewölbe) bestehen. Bei der Durchdringung von zwei gleichhohen Tonnengewölben entsteht ein Kreuzgratgewölbe. Die Lasten können aber auch von Rippen übernommen werden, die ein Tragegerüst ausbilden, zwischen das die lastenden Gewölbeschale als Membran oder Kappe gespannt ist. Derartige Gewölbekonstruktionen heißen Rippengewölbe. Das übliche Kreuzrippengewölbe der Gotik besteht aus dem Gurtbogen (Transversalbogen), der die einzelnen Joche trennt, den zwei Scheid- oder Schildbögen als Begrenzung in der Längsrichtung und den Diagonalbögen, den eigentlichen Rippen.

Soll aus dem so entstandenem Regelfall des vierteiligen gotischen Kreuzrippengewölbes ein sechs- oder achteiliges Gewölbe gebildet werden (Schmuckgewölbe in Kapellen), werden zusätzliche Scheitelrippen eingezogen.

Fächer- oder Netzgewölbe haben außerdem noch Tiercerone, das sind vom Kämpfer ausgehende Nebenrippen und Lierne, die weder von einem Schlußstein noch von einem Kämpfer ausgehen und zur Aussteifung der Knickpunkte der Rippen und Tiercerone dienen. Die Einteilung in Joche geht verloren.

Bei einem Sterngewölbe bilden die Rippen ein sternförmiges Muster aus, wobei die Jocheinteilung erhalten bleibt.

Das Fächergewölbe gibt die Jocheinteilung auf und strahlt von einem Kämpferpunkt eine Vielzahl von Rippen aus.

Halle/Hallenkirche Mehrschiffiger Raum, in dem alle Gewölbe oder Raumdecken die gleiche Höhe haben.

Joch Raumelement, das einem Gewölbefeld entspricht.

Kaffgesims Vorspringende horizontale Wandgliederung mit schräg abfallender Oberfläche.

Kapellenkranz Alle Kapellen, die um einen Chorumgang angeordnet sind.

Kapitell Meist verziertes Kopfstück eines Pfeilers oder einer Säule.

Kathedrale Hergeleitet von (lat.) kathedra, dem Bischofssitz; die Bischofskirche entspricht dem Dom oder dem Münster; umgangssprachlich auch für große domähnliche Pfarrkirchen gebräuchlich; das Kathedralschema nimmt die Formen der Dom- oder Kathedralkirchen auf, so bei St. Marien in Lübeck.

Kreuzgratgewölbe Zwei gleich hohe Tonnengewölbe, die sich rechtwinklig durchdringen.

Kreuzrippengewölbe Die Grate dieser Gewölbe werden von Rippen unterfangen, die sich in der Gewölbemitte mit einem Schlussstein kreuzen.

Langhaus Der ein- oder mehrschiffige Hauptraum einer Kirche zwischen westlichem Eingangsbereich und Vierung oder dem Chor.

Maßwerk Geometrisch konstruiertes Bauornament zur Aufteilung der Bogenfelder von Fenstern. Später auch zur Gliederung von Wandflächen und Brüstungen eingesetzt. Die Grundformen sind Pass, Blatt und Schneuß, dier sich zu Gruppen formieren.

Mittelschiff Die mittlere von seitlichen Arkaden begrenzte Raumeinheit einer mehrschiffigen Anlage.

Netzgewölbe -> Gewölbe.

Obergaden Über die Seitenschiffe erhöhter Wandbereich des Mittelschiffs, der über den Dächern der Seitenschiffe befenstert ist.

Pfeiler Stütze aus Mauerwerk zwischen Öffnungen mit einem rechteckigen, quadratischen, mehrfach gebrochenem oder rundem Querschnitt. Zum Pfeiler gehört ein Kapitell.

Querhaus Quer zur Hauptrichtung der Kirche ausgeformter Gebäudeteil, meist mit gleicher Höhe wie das Mittelschiff und die Seitenschiffe.

Säule Stütze mit einem meist kreisförmigen Querschnitt, die aus einer Basis, einem Schaft und einem Kapitell besteht.

Scheitelkapelle Meist Maria geweihte Kapelle, die im Osten in der Mittelachse des Chores vorsteht

Schneuß Ornamentmotiv in Form der Schwimmblase eines Fisches; auch Fischblase oder Flamboyant (frz. flammend) genannt.

Schwibbogen Waagerecht gespannter Bogen zum horizontalen Schubausgleich zwischen Bauteilen oder ganzen Gebäuden.

Spitzbogen Der Spitzbogen wird aus zwei Kreisbögen konstruiert. In der Grundform entspricht die Länge der Kreisradien der Bogenspannweite und man spricht von einem gleichseitigen Spitzbogen. Konstruktiv liegen die Bogenmittelpunkte auf dem Kämpferpunkt. Der gedrückte Spitzbogen hat kleinere Kreisradien als die Bogenspannweite und die Bogenmittelpunkte liegen zwischen den Kämpferpunkten. Der Normalfall des gotischen Spitzbogens ist der überhöhte Spitzbogen, auch Lanzettbogen genannt, dessen Kreisradien größer als die Bogenspannweite sind. Hierbei liegen die Kreismittelpunkte außerhalb der Kämpferpunkte.

Sterngewölbe -> Gewölbe.

Strebebogen Schräginsteigender Segmentbogen (Kreisausschnitt) im Außenbereich zwischen Strebepfeiler und Obergadenwand, der die horizontalen Druckschübe der Wölbung aufnimmt und in den Strebepfeiler ableitet.

Strebepfeiler Ein quer zur Längsflucht eines Baues stehender Pfeiler, der zur Verstärkung hoher Mauern und zur Ableitung von Schubkräften dient. Der einfache Strebepfeiler steigt in Verbindung mit dem auszusteifenden Mauerwerk auf, wobei er sich nach oben meist unter Einschaltung eines Kaffgesimses verjüngen kann. Bei der gotischen Basilika verbindet der Strebebogen den Strebepfeiler mit der zu stützenden Mauer, man spricht dann, besonders wenn sich dies in Höhe oder Tiefe wiederholt, von Strebewerk.

Tonnengewölbe -> Gewölbe.

Traufe Unter Begrenzungslinie eines Daches.

Triforium In der Mauer ausgesparter Laufgang unterhalb der Obergadenfenster einer Basilika. Bei einem Blendtriforium entfällt der Gang

Tympanon Bogenfeld über dem Sturzbalken eines Portals.

Vierung Meist quadratisches Raumfeld im Kreuzungspunkt aus Langhaus und Querhaus.

Wasserschlag Auch Kaffgesims; vor allem in der Gotik gebräuchliches Gesims in Höhe der Fensterbank und an Vorsprüngen von Strebepfeilern zur Abweisung des Regenwassers. Der Wasserschlag besteht aus einer sog. Wassernase (Tropfleiste) und ist mit einer Hohlkehle unterschnitten.

Die mittelalterlichen Kirchenbauten der Hansestadt Lübeck

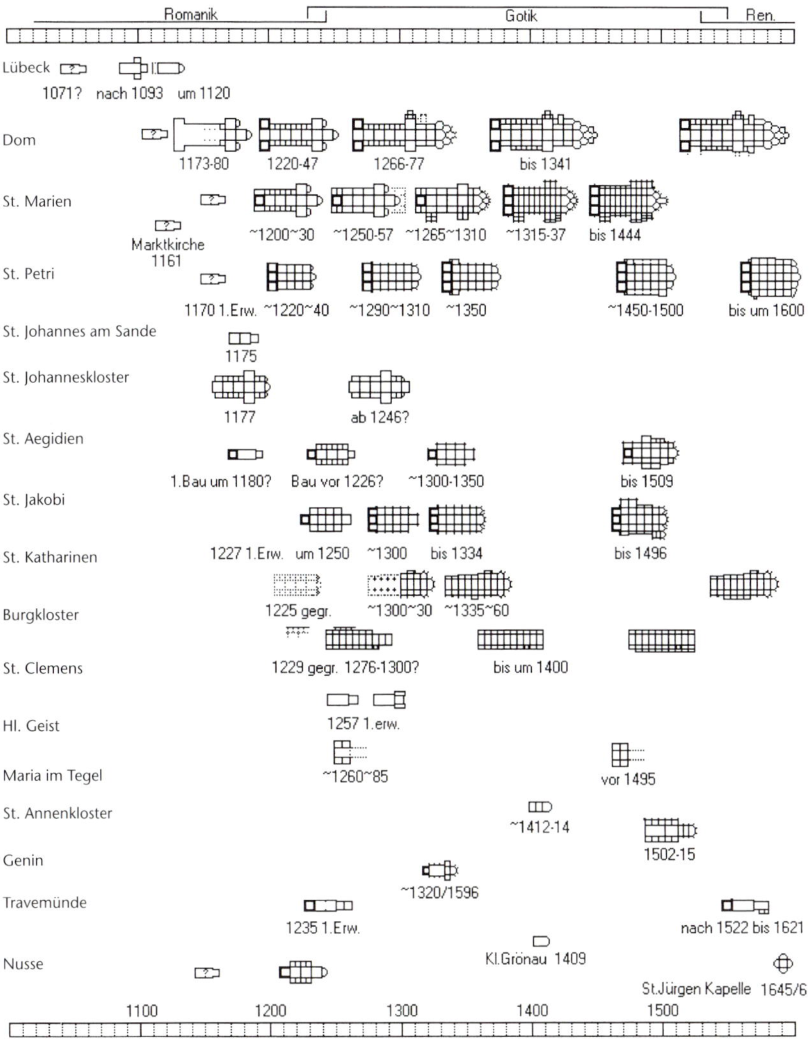

Quelle: T. Woelk u. Kirchbauamt Lübeck

Ortsregister

* existiert heute nicht mehr

Foto: Jens Gehring/Caro

NDR
Das Beste am Norden

Der NDR ist zugleich Bestandteil und Förderer norddeutscher Identität – im Programm, in eigenen Veranstaltungen und als Partner von kulturellen Ereignissen wie dem **„Musikland Mecklenburg-Vorpommern“.** Die Aktion **„Wege zur Backsteingotik“** passt deshalb hervorragend zu unserem Selbstverständnis.

NDR Intendant Prof. Jobst Plog

Bewahren helfen

Hier fördert die Deutsche Stiftung Denkmalschutz

Die UNESCO nahm die mittelalterliche Altstadt Lübecks 1987 als ersten Stadtkern Nordeuropas in die Liste des Welterbes der Menschheit auf. In der Begründung heißt es: „Ausschlaggebend waren dabei zum einen die markante Stadtsilhouette und die geschlossen erhaltene vorindustrielle Bausubstanz, zum anderen auch der für die archäologische Erforschung des mittelalterlichen Städtewesens außerordentlich ergiebige Untergrund."

In den vergangenen Jahrzehnten hatten Denkmalpfleger und Stadtarchäologen immer wieder überraschende Funde aus der Hansezeit zu vermelden. Intensive Ausgrabungen in der Lübecker Altstadt brachten in den letzten vier Jahrzehnten etwa 400000 Keramikscherben und annähernd 50000 Glasfragmente aus dem Mittelalter und der frühen Neuzeit zutage, die Aufschluß über Handel und Sozialgeschichte geben. Bei Sanierungsmaßnahmen an Bürgerhäusern in der Altstadt trifft die Bauforschung immer wieder auf mittelalterliche Bausubstanz. Unter

Die Gebäude der Lübecker Stadtbibliothek gehen auf das Mitte des 14. Jahrhunderts gegründete Katharinenkloster zurück. In der einstigen Sakristei geben Propheten, Engel und Spruchbänder Anweisungen für den Priester und sein Amt. In den heutigen Bibliothekssälen (Bild links) wurden Wandmalereien unterschiedlicher Phasen freigelegt.

zahllosen Schichten von Tapeten und Anstrichen sind zum Teil Wandmalereien aus der Hansezeit und späteren Jahrhunderten verborgen. In einem „Bürgerhausprogramm Wandmalereien" hilft die Stiftung den Eigentümern, solche „Überraschungen" denkmalgerecht zu restaurieren, damit sie als kulturhistorische Zeugnisse für die Allgemeinheit erhalten bleiben.

In der Stadtbibliothek, deren Kern auf das Katharinenkloster zurückgeht, waren Wandmalereien hinter den Bücherregalen verborgen. Die älteste Schicht stammt noch aus spätmittelalterlicher Zeit. Nach der Reformation wurde hier 1616 eine Gelehrtenschule eingerichtet, das sogenannte Katharineum. 1622 führte man die Buchbestände des Rats und aller Stadtkirchen zusammen – seitdem dient das Gebäude als bürgerliche Bibliothek. Es ist die einzig erhaltene Hansebibliothek. In beispielhaftem Gemeinsinn stiftete Pastor Hinrich Scharbau Mitte des 18. Jahrhunderts seine Büchersammlung und stattete die Bibliothek mit einem Stiftungskapital aus, das regelmäßige Neuerwerbungen ermöglichen sollte.

Kulturbewusstsein und Gemeinsinn bilden auch die Motivation für über 150 000 private Spender und Stifter, Unternehmen und Institutionen, die sich für die Arbeit der Deutschen Stiftung Denkmalschutz engagieren. Unter dem Motto „Damit Vergangenheit Zukunft hat" wurde die Deutsche Stiftung Denkmalschutz 1985 unter der Schirmherrschaft des Bundespräsidenten gegründet. Seitdem erfüllt sie die wachsenden

Förderprojekte in Lübeck (eine Auswahl)

- *St. Marien, Wandmalerei*
- *St. Annen, Klosterkirche*
- *Burgkloster, Beichthaus*
- *Stadtbibliothek, Wandmalereien*
- *Haus der Schiffergesellschaft, Wandgemälde*
- *Haus zum Engel*
- *Häuser Kolk 14 und 16*
- *Bürgerpalais St. Annenstraße 4*
- *Holstentor*
- *Archäologische Grabung Alt-Lübeck*
- *Lübeck-Travemünde, Viermastbark „Passat"*

Förderprojekte der Deutschen Stiftung Denkmalschutz in Lübeck: das Burgkloster, eines der bedeutendsten Klöster der Hansezeit; Wandmalerei in St. Marien; die Häuser Kolk 14 und 16, das heutige Puppenspielmuseum, ein Giebelhaus aus dem 16. Jahrhundert. Die Räume des Stadtpalais vom Ende des 18. Jahrhunderts in der St. Annen-Straße 4 zeugen von bürgerlicher Tradition und Repräsentation auch nach der Hansezeit.

Aufgaben ihrer beiden Satzungsaufträge: bedrohte Baudenkmale zu bewahren sowie den Gedanken des Denkmalschutzes in breite Kreise der Bevölkerung zu vermitteln und sie zu aktiver Mithilfe aufzurufen. Diesem Ziel dient auch das vorliegende Buch im Rahmen der Gemeinschaftsinitiative „Wege zur Backsteingotik". Denn nur, wer die Schönheit unserer Kulturlandschaft und ihre Geschichte kennt, wird dazu beitragen, sie zu bewahren.

Dank der Erträge aus der Fernsehlotterie GlücksSpirale, privaten Spenden und zeitweisen Mitteln des Bundes konnte die Stiftung seit 1990 über 310 Millionen Euro für mehr als 3 000 bedrohte Baudenkmale in der gesamten Bundesrepublik zur Verfügung stellen. Der Titel „Welterbe" allein schützt nicht vor dem Verfall, er bedeutet auch eine große Verpflichtung. Vielleicht noch schwieriger ist die Situation der zahlreichen Kloster-, Stadt- und Dorfkirchen, Bürger- und Speicherhäuser, die als Zeugen der regionalen Geschichte Sinn und Identität stiften, jedoch weniger im Mittelpunkt stehen.

Daher gilt der Aufruf der Stiftung weiterhin:

Rette mit – wer kann!

Spendenkonto Backsteingotik
Deutsche Stiftung Denkmalschutz Konto 130 115 116
Norddeutsche Landesbank Schwerin · BLZ 250 500 00

Weitere Informationen: Deutsche Stiftung Denkmalschutz
Koblenzer Straße 75 · 53177 Bonn · Tel. 0228 / 95 73 8-0
www. denkmalschutz.de

Bildnachweis

Umschlaggestaltung, Plakate: ESKOM Partner, Hamburg: S. 8, 9
Titelfoto: S. Brimberg (National Geographic; Premium Stock Photography, nach einer Urkunde im Archiv der Hansestadt Lübeck)
Plakatmotiv: S. 9 (Stralsund) Th. Scherz, Hamburg, Plakatmotive: S. 8, 9 (Wismar, Greifswald, Rostock)

Vorwort: Museum für Kunst- und Kulturgeschichte der Hansestadt Lübeck (St. Annen-Museum)

Kaufmann
Museum für Kunst- und Kulturgeschichte der Hansestadt Lübeck (St. Annen-Museum): Aufmacher, Abb. 2, 3
R. Hammel-Kiesow (Inhalt) / J. Bauer-Röhl (Gestaltung): Abb. 1, 5
K. Andersen/O. Crumlin-Pedersen: Abb. 4

Kunst der Fuge
Institut für Bau- und Denkmalpflege, Lübeck: Aufmacher, Abb. 1–14, 16–33
Bau- und Kunstdenkmäler der Hansestadt Lübeck: Abb. 15, Tf. 2
H. Hübler: Tf. 3, 4
T. Woelk/Kirchenbauamt Lübeck: Tf. 1

Holstentor
U. Franzen, Hamburg: Abb. 15
M.-L. Preiss/DSD: Aufmacher, Abb. 2, 18
Museum für Kunst- und Kulturgeschichte der Hansestadt Lübeck (St. Annen-Museum): Abb. 2–14, 16, 17, 19–28
A. und H. Theis: Abb. 20

Ausstellung
Museum für Kunst- und Kulturgeschichte der Hansestadt Lübeck (St. Annen-Museum): Aufmacher, Abb. 1–27

Stiftung
A. Liebeskind/DSD: Abb. 4
M.-L. Preiss/DSD: Abb. 1, 2, 5, 6
U. Schirmer/DSD: Abb. 3

Impressum:
Gesamtorganisation, Redaktion: Gerlinde Thalheim
Redaktionelle Mitarbeit, Apparat: Sonja Lucas · Gestaltung: Michael Marasson · Satz: Rüdiger Hof · Druck: Konkordia Druck, Bühl

Verlag: Monumente Publikationen der Deutschen Stiftung Denkmalschutz, Dürenstraße 8, 53173 Bonn, Tel. 0228/95735-0, Fax 0228/95735-28

Die Deutsche Bibliothek – CIP-Einheitsaufnahme:
Lübeck : Die Hanse – Macht des Handels / Beitr. von Rolf Hammel-Kiesow, Brigitte Heise/Hildegard Vogeler, Peter W. Kallen, Thorsten Rodieck; Vorw. Heide Simonis; Bernd Saxe. - Bonn : Dt. Stiftung Denkmalschutz, Monumente Publ. (Wege zur Backsteingotik ; 1) – 2. Aufl. 2004

ISBN 3-936942-23-4 · Gesamtausgabe ISBN 3-936942-22-6